**120 propositions dans la raison privative de la catégorisation du possible
Série 5-1
(ponctualité - contextualité)**

© 2024 Helder Serpa
Édition : BoD – Books on Demand, info@bod.fr
Impression : BoD – Books on Demand, In de
Tarpen 42, Norderstedt (Allemagne)
Impression à la demande
ISBN : 978-2-3225-2488-4
Dépôt légal : Juin 2024

Table des matières

EN DEUX MOTS

Si on veut isoler de ses déterminations contextuelles une entité descriptible comme une effectuation matérielle de sens, on aura produit le célèbre objet de Lichtenberg, le couteau sans manche dont on a égaré la lame, ou le bateau de Tirésias, toujours le même bateau à la suite de réparations successives qui en ont changé toutes les parties. Ou bien encore ce qui reste de l'objet « l'âme » lorsque tout d'un coup ou pièce par pièce on l'aura soulagée du corps qui l'emprisonne. Si on décrit cette contextualité comme le domaine de l'effectuabilité matérielle du sens, il appert que cette virtualité est nulle et partant non mentionnable si elle n'est pas en train de se concrétiser dans une effectuation individuée qui la prouve, l'épuise et la reconstitue. En raison de l'identité et empirique et tautologique entre exister et commencer, la contextualité elle-même est requise de s'accomplir selon une détermination inchoative. En plus simple, et en désignant cette contextualité par le terme « le monde », le monde commence. Par figure fictionnelle, tout commence à l'extérieur, et nulle formation logique n'est le contenant du sens. Même pas le sujet logique, ni ses avatars magnifiés, Dieu, le Logos, le Un, et ainsi de suite ad libitum car la dénomination de l'inexistant est sans bornes. Le sens est dehors, certes, et nul ne peut s'y déplacer, pour voir. Totalement inclus dans la forme d'inchoativité qui en provient, dont le sujet est le suppôt protocolaire, sa condition d'existence et son mode d'existence. Ces six exercices de vérification s'emploient à le faire voir, dans le seul souci d'attirer l'attention sur ce qui est indéniable.

Le dispositif rhétorique est toujours le même, l'utilisation d'une séquence linéaire directe, comportant un état de précession, de fondation, de médianeté, de troncature, d'ultériorité et de totalité. Ce qui n'établit pas un système, mais seulement un parcours parmi d'autres, un arpentage au cordeau, limité et complet.

61ième proposition

La quarantaine

Constituer du sens est homologuer le monde

I — État

Le projet de pénétrer dans la séquentialité constituante est l'échec protocolaire continûment réitéré en quoi consiste la production de l'effectivité matérielle du sens. La métaphore scopique est utile à sauvegarder autant que faire se peut la descriptibilité du fait logique. Effectivité constituée, discrète, nombrable, susceptible de substantiation, saisissable par quelque chose de l'ordre de l'attention ou de la conscience d'un sujet non producteur, déductible et anticipable par une sorte de dynamique séquentielle intrinsèque est une entité qui existe mais seulement aussi longtemps que nul ne la regarde. L'existence de cette entité positionnelle consiste donc en un acte de rejet individué que subit le sujet de cette opération de captation, qui lui inflige un statut d'extériorité et le soumet à un état de pérégrinité strictement coextensif de son acte d'intromission dans le domaine du sens effectué. Cette éjection est le réquisit absolu pour l'exercice du possible logique, sorte de cérémonie sacrificielle préalable ou de transcendance rétrograde qui en rejetant le sujet accrédite l'existence d'un monde. Et pour que cette extranéité que subit le sujet se produise comme un fait de sens, il est requis que sans cesse il en rétablisse le mécanisme. En des termes récréatifs on dirait que, pour le sujet, pour qu'il n'y ait pas « chose », il faut qu'il y ait « chose ». Et ce domaine de la chose descriptible comme fait de sens terminalement constitué ne cesse pas d'exister sous cette forme de rejet positionnel. Ce qui tout bonnement se dirait : le sujet du logique ne peut pas ne pas être logique, et ne peut pas exister dans le domaine de l'effectuabilité du sens sans son action constituante, mais cette impossibilité est elle-même un fait de sens, relatif à un sujet qui l'expérimente et constitue.

Cet inaboutissement est la positionnalité d'une séquence protocolairement impossible. Car ne pas pouvoir saisir le fait constitué, même au degré infime de cette saisie, un simple repérage, une distinction, consiste à produire le premier fait de séquentialité, car cette exclusion est une occurrence et produit une trace. Que le dépassement de cette ouverture vers la séquentialité devienne le lieu unique et permanente assignable au travail de production de la matérialité du sens, que cette indépassibilité doivent être effectuée et expérimentée et jamais épuisée ne produit pas une sorte de stase privative ou d'abolition du sens en raison de cet échec. L'existence logique du sujet consiste justement à ne pas cesser d'accomplir cet acte déceptif afin d'aller outre, d'accéder au monde que cet échec accrédite, mais son acte même détermine un inaccomplissement, inaccomplissement salvateur, car suscitant la constance de l'acte constituant. Implicite dans l'acte constituant il y a toujours une image de ce qu'il y aura par la suite, mais cette suite requiert l'acte qui la suscite, et s'y réduit. Par image fictionnelle, toute effectuation matérielle du sens a lieu à l'intérieur de la racine imaginaire de cette ligne de successivité et de progression. Le logique retient toute sa progressivité à l'intérieur d'un seul acte constituant et cet intérieur rejette l'inclusion du sujet. Par ce biais dirimant, ce sujet est constituant non seulement du réel logique individué et actué mais également du monde et de son autonomie relative à ce travail constituant. Et de l'extradition dont il le frappe. Cette errance est le mode d'existence de la liberté logique.

Liberté paraphrasable en manque et incomplétude, non pas substantielle, mais protocolaire ou plus vaguement fonctionnelle et praxique. Le monde existe dans cette mutilation du sujet corrélative de l'inaboutissement de l'acte constituant de la catégorialité, autrement dit de l'esquive continuelle que lui inflige le domaine du constitué logique. Ne consistant qu'en cet élan constituant, le sujet logique ne peut pas renoncer à la tentative de surmonter cette esquive, et de résoudre l'aporie protocolaire qui consiste en le dessein de pénétrer dans le domaine du sens effectué qu'il est en même temps en train de constituer, cet acte constituant épuisant sa réalité de sujet. La matérialité de cette tâche, descriptible comme le travail de conversion dirimante du pur ontologique en catégorialité, immédiate et irréversible, lui assigne une durée et une séquentialité locale et restreinte que par figure on pourrait caractériser comme « close ». De cette façon cette exclusion du monde qui constitue le monde est affectée d'une historicité autonome et irréductible. Ascétique sous forme d'acceptation ou volontariste selon le projet de la surmonter, elle sera toujours conforme à la même descriptibilité. En le constituant, le sujet opère sa sortie du monde et cette éviction est le premier acte constituant. Sa place se décrirait en termes de transcendance déchue. Ce qui le sauve d'une substantialité léthale. Et pour paraître habitants licites du monde, nous endossons souvent la défroque d'un mort.

La séquentialité se déroule en s'abolissant, car cette abolition est un événement et un acte. Acte propre du monde lequel, pour être (par figure narrative) doit venir vers le sujet et, par le biais de l'acte de ce sujet, et se constituer et annuler sa constitution. Le monde vient au sujet afin de s'en détacher. Ininterrompu non pas par continuité substantielle, mais par impossibilité protocolaire de suspension, cet acte d'exclusion constituante est pour ainsi dire la source du monde non subjectif, dont le mode d'existence requiert l'acte d'un sujet affecté de transcendance fonctionnelle, ou d'extériorité protocolaire, et cette autonomie du monde est acquise pour ainsi dire acte par acte, si jamais cette discrétisation était pensable autrement que par double négation : [non(non discret)], la continuité requérant la médiation d'un acte constituant individué. Le réquisit ontologique de cette permanence du monde n'est effectuable qu'en sa perte, et la constitution du logique se déroule dans le cercle effectif (et individué) de cette perte. La poésie, la littérature, la mystique nous procurent des figures de cette situation, euphoriques ou lugubres, exaltées ou accablées, et il en va de même dans la cogitation banale quotidienne. Le sommet du désir de réparer cette perte due au mode d'existence du sujet logique ne peut consister qu'en une ablation de ce sujet, de cette « sujéité », par voie de suicide, effectif ou seulement mimique. Une simple neutralisation, par voie d'extase, de transe ou de narcotiques peut y suppléer [1].

Par le biais de cette condition protocolaire non éradicable le logique est une zone du monde qui n'entame pas la réalité du monde. « Monde » signifie tout ce qui a à devenir logique en

---

[11]   Ici, il y a lieu de citer encore le poème d'Henri Michaux (La Nuit Remue) qui conforte cette hypothèse : *L'homme a un besoin méconnu./Il a besoin de faiblesse.[...] Au faîte de lui-même, au sommet de sa forme, l'homme cherche à être culbuté./ N'y tenant plus, il part pour la guerre et la/ Mort le soulage enfin.* Et plus loin : *Il arrive cependant à l'un ou l'autre de vouloir perdre davantage son/ Je, d'aspirer à se dépouiller, à grelotter dans le vide (ou le tout)./ En vérité, l'homme s'embarque sur beaucoup de navires, mais c'est là qu'il veut aller.[...] Excédé, il recourt à l'éther. / Symbole et raccourci du départ et de l'annihilation souhaités.*

raison de l'intervention protocolaire et ceci inclut ce qui a déjà été soumis à la conversion catégorielle. Nulle ostension ne paraît comme première, même si sa reconnaissance se réduit à une infimité de traits distinctifs. Le monde paraît déchu en passé. Le mode d'existence de cette virtualité de logicisation est privatif, sa positionnalité est la carence qui restreint la possibilité de constitution terminale du fait logique individué. Cette carence indéfinit les limites de l'effectuable, ce en quoi consiste la positionnalité du monde, soumis à une séparation que produit et mesure l'acte constituant actuel. De cette façon, le lien entre actuation du sens et possible logique général est une dérivation, car en cette actuation l'appartenance au monde est accréditée et consiste en une causation car il n'y a pas de monde sans cette perdition protocolaire locale. Sauf si on n'en sait rien. Le monde contextualisant de l'acte logique requiert cette virtualisation excluante pour avoir une réalité logique. L'effectuation logique consiste donc en une perdition de l'infinitude du sens possible, par le biais de laquelle cette indéfinitude est une réalité. Nul ne voit le monde, car voir le monde consiste en cette isolation de la possibilité de sens indéfinie qui contextualise l'acte logique. Par figure littéraire, la demeure du sujet logique est une extradition constante et remédiable. Et y parer la reconstitue.

Cette production de la contextualisation du fait logique, que son indéfinitude autorise à désigner comme « le monde », est première et enclot l'étendue du domaine de l'effectuabilité matérielle du sens. La positionnalité de l'extériorité à cette première actuation consiste en ce fait mécanique et conforme à la plus pauvre des empiries, que rien n'existe dans le logique qui ne consiste en un acte constituant, ce qui autorise la paraphrase contradictoire de cette circonstance en une désignation, une description et une narrabilité de cet extérieur, qui, désigné en propre, consiste en une inexistence, imminente et continument contrariée de l'effectuation de sens. Une des modalités rhétoriques de cette paraphrase contradictoire consiste justement en cette dénégation du néant logique (corrélé à la nature périssable et contingente de l'agent de cette actuation du sens), par le biais de son individuation, ce qui consiste encore en son abrogation, comportant une production de l'extériorité encore indéfinie, en raison de la non terminalité de son aboutissement. Le monde est cette faille de l'acte constituant, incapable d'épuiser son propre accomplissement. Et de cette façon, l'acte de sens se produit en sa propre insuffisance. Jubilatoire, si on le décrit comme l'accession à la vision du monde que son intégrité magnifie, douloureuse sin on y discerne l'inaccessibilité du monde par l'obstacle péjorant de la subjectivité « individuelle ». Qu'il est souvent question de mater.

Et comme il en va de toute action logique, cette abolition est constituante. Poser l'intégralité du monde est une isolation de l'acte positionnel et une déchéance de l'intégrité du monde. Si en raison de l'obstacle protocolaire inévitable il advint que le sujet ne soit pas dans le monde cette extériorité n'est pas un état de choses figé, mais un acte d'extériorisation, et l'acte de poser l'intégrité du monde et l'inclusion du sujet est encore un acte d'extériorisation et de séparation immédiate et irréversible, et toujours à accomplir. La relation du sujet au monde contextualisant est de cette façon un permanent cheminement que rien n'arrêtera, ni aboutissement ni renoncement. Sauf la mort mais, si le vivant meurt, nul n'est dans cet état de mort. Cheminement sans chemin, car toute séquentialité est pour ainsi dire habitée, protocolairement habitée, et rien ne précède l'acte de constitution en lequel elle consiste, y compris sous la forme de son anticipation. L'état de cheminement se laisse traduire multiplement, comme projet, désir, « conatus » et ainsi de suite. Ce qui ne consiste qu'en une substantivation de la condition protocolaire, ou de la contrainte à constituer, nécessité fonctionnelle intrinsèque à la production des faits de sens. Qui pourraient ne pas exister, aussi bien. En quelque sorte, le sujet est le barrage au déploiement d'une linéarité trans-protocolaire, autonome et issue de génération spontanée (sauf si des divinités, ou des Maîtres, nous traçaient des chemins préalables à simplement emprunter), et cet obstacle existe sous forme de condition protocolaire. Le sujet s'instaure en cheminant.

Rien ne succèderait à une formation logique constituée dont la constitution aurait atteint un degré d'accomplissement terminal. Même pas l'acte qui consisterait en une simple scrutation inactive de ce produit. De même, cet inaboutissement retarde pour ainsi dire l'accession à une suite quelle qu'elle soit, mécanique, stylistique, déductive, causale, analogique, et crée un état de dilation protocolaire descriptible comme une constante abrogation de la séquentialité, au sens de progression discrète ou continue selon une ligne orientée imaginaire. Le modèle qui illustre la positionnalité de la séquence progressive est la matérialité de cet acte constituant inabouti, affecté d'inchoativité , d'anticipation et d'irréversibilité. Le sujet n'a pas accès au domaine du logique, même pas à celui en quoi consiste son effectuation actuelle. Cette restriction protocolaire est la source positionnelle de l'extériorité du monde, autrement dit de la possibilité d'identifier, désigner, décrire et narrer cette extériorité. La progressivité de la production matérielle du sens est une abrogation continue de l'état de constitué. Cette opération est première, et enferme le sujet logique en un état de précession irréductible et indépassable. Précession exclusive de stase et d'objectivité, car du fait que l'actuation du sens est exclusive de suspension, elle dure sous la forme d'une entreprise continue d'abrogation qui échoue, ne pouvant pas s'épuiser. C'est la raison pour laquelle, pour le sujet, le monde est ailleurs.

II - Processus

Le retour vers le constitué effectué requiert et une annulation de l'acte constituant actuel, et une suspension de l'action constituante du sujet. Outre l'incapacité d'un sujet logique à poser, décrire, narrer cet état de choses sans le dénier du fait même de cet exploit, tout acte logique, même celui qui consisterait en une transgression de ses propres conditions de possibilité est déterminé par ces mêmes conditions de possibilité, essentiellement protocolaires. Le « retour vers le constitué » est une éviction relative au constitué, et l'annulation de l'acte constituant actuel est un acte constituant. Le sujet crée son extériorité, condition de la positionnalité d'un monde, par le moyen de son actuation constituante du fait de sens. Et doit la créer, dans le cercle des restrictions que son actuation impose au pensable. Cette immanence fonctionnelle est ce à quoi se réduit l'inclusion du sujet dans le réel logique. Une sorte d'intrusion initiale, qui abroge toute autre forme d'antécéssion, serait-ce celle en quoi consiste la figure d'un monde préalablement constitué. Cette circonstance est garant de la pertinence de l'hypothèse que tout le logique est contenu dans la production d'un seul texte, quelle que soit la multiplicité des agents constituants. Cette image résulte du pari de l'unéité de l'être humain et des conditions de possibilité de l'effectuation du sens, ou plus concisément du pensable. Hypothèse que conforte l'incapacité logique à penser, dans ce domaine, et la pluralité et l'hétérogénéité.

Unéité restrictive, qui résulte de l'abrogation du multiple, de l'hétérogène, de toute entité logique compatible avec la levée de la condition protocolaire, monotone et péjorante relativement à l'indéfinitude d'un possible pour ainsi dire « environnant » et pas encore actué. Dont la permanence contradictoire est la condition de toute effectuation individuée, de laquelle résulte et son abrogation et, en raison de l'incomplétude de cet acte résolutoire, son maintien. Ce qui autorise la description de l'acte logique comme la conversion d'une indétermination dont la position est abrogative, en fait logique déterminé selon la condition protocolaire dont sa position dépend. Anecdotiquement, on pourrait avancer que l'impossible crée le possible, et que cet impossible est la virtualité logique en laquelle consiste le monde. Fiction qui requiert l'escamotage de l'articulation protocolaire qui la conditionne. De la même façon que l'assertion d'un possible logique doit transiter par la négation de son impossibilité (réelle aussi longtemps que ce fait logique ne consiste pas en une effectuation matérielle, hiérarchisable selon une échelle qui va de l'ostension à l'énonciation verbal) la détermination protocolaire est créatrice de son propre contexte indéterminé, par l'inaboutissement de l'acte même de le réduire. Créer du sens est le même que créer le monde indéterminé qui contextualise cet acte, en l'abrogeant. Et cet acte constituant peut consister en la tentative de sa propre annulation, libératrice de choses comme le Monde, le Cosmos, et d'autres néantités substantivées, dont l'existence consiste en l'acte qui les rescinde et qui n'en vient pas à bout.

Rétrospectivement, on est admis à considérer que « le monde était donc apte à cette conversion », et imaginable sans elle (positionnalité de l'impossible qui ne serait pas en situation de conversion résolutoire) aptitude qui recouvre et manifeste la fonction productive de cette sorte de machine protocolaire incluse dans la virtualité du monde sensé. À magnifier, à vilipender ou à dénier, selon le propos. Le désir d'hétérogénéité, productif dans le domaine de la création poétique a sa source positionnelle dans la constance de cette hétérogénéité impliquée dans l'acte constituant qui la résout selon l'unité imposée par la détermination protocolaire, unité qui consiste en un acte de conversion qui soumet l'hétérogénéité virtuelle que l'inaboutissement de cette conversion réinstaure. On ne liquide pas l'impossible une fois pour toutes, mais on ne quitte pas le chantier de cette liquidation. Par figure, et en considérant que cette actuation est dépourvue d'antécédent, la fonction protocolaire est tronquée et réduite à son inchoativité irréductible. En constituant du sens, nous ne faisons qu'entrer en matière, et le dépassement qui nous conduirait au sein du réel logique effectué (dont les rayons d'une gigantesque bibliothèque pourraient servir d'illustration) réédite encore cette incarcération inchoative en laquelle consiste le pouvoir logique du sujet. Inaugural et en marge.

Et même le lieu putatif (exclusif de description non auto-déniante) de cette incarcération est inaccessible. Inaccessible par excès, car le seul mode d'inclusion du sujet logique en son lieu d'actuation consiste en cette actuation constituante, continue et inaboutie. L'acte du sujet logique produit sa propre extériorité quant au domaine de la réalité logique (ou de l'effectuabilité matérielle du sens) et ne peut pas cesser de la produire, autant par défaut, car il est réduit à sa fonction constituante, que par excès, en ce sens que l'acte de cessation requis pour une sorte d'assomption de cette extériorité consiste encore en sa production. Cette éviction protocolaire se déroule selon une matérialité catégorielle, une productivité ininterrompue et une durée, et consiste également en la positionnalité d'une linéarité impossible à habiter par quelque biais que ce soit (représentation, description, narration). Et cependant indéniable en ce sens que relativement au constitué le sujet « n'y est plus » et ne plus y être consiste en la progressivité intrinsèque de l'acte constituant. Durée exclusive de description linéaire, caractérisable seulement comme un délai. Ce qui se résume dans la formule primesautière : le sujet fait quelque chose. Et réduit à cette actuation du sens possible, il ne peut ni jouir de son produit ni s'en séparer. Le sens est toujours pour un autre. Le seul mode d'intériorité du sujet relativement au sens constitué se décrit par le fait que la perte qui le spolie de son produit n'est pas représentable comme un néant, un vide, une absence d'occurrence logique. C'est ce en quoi consiste la circonstance protocolaire qui l'institue créateur de sens.

Sans que l'on puisse assigner un moment où cette aptitude créatrice serait seulement virtuelle. L'ostension brute et spontanée consiste immédiatement en un travail constituant et créateur de ce qui a lieu, mais en tant que fait de sens. L'ostension consiste ainsi en une irréversible sémantisation compatible avec toute autre sémanticité effectuée ou à effectuer. L'instantanéité du signifiant visuel, contrairement au signifiant auditif, affecté de temporalité [1] , est ce qui s'annule lors de la constitution du fait de sens et n'existe que sous cette forme d'annulation. Cette annulation consiste en un travail et est affecté d'une progressivité linéaire pour laquelle l'aboutissement de l'acte constituant instaure une borne indépassable, et une remise à zéro aussitôt

---

[1]   Selon De Saussure, Cours de Linguistique Générale Première Partie, Chap. 1 §3

convertie en création catégorielle.

De cette façon, le mode d'existence de la simple ostension est un travail du sujet, et s'il y a lieu d'avancer une preuve triviale de la réalité de cette circonstance, on constatera qu'il est indéniable qu'il y a ostension quand il y a sujet, et seul un sujet inerte logiquement (qui ne saurait rien quant à cette circonstance) serait compatible avec un maintient de l'ostension dans un état pour ainsi dire vierge et naturel. La simple ostension est ainsi affectée de syntagmaticité, et consiste en une action, avec ses caractéristiques de durée et d'étendue matérielle. Que cette linéarité soit descriptible consiste en l'indescriptibilité de l'instantanéité, dont nul n'aurait rien pu savoir, et qui est réelle (ou posable) seulement juste avant son ostension, et, par fiction, telle qu'elle était alors, en dehors de sa conversion catégorielle. Seule le biais de la mort simulée autoriserait un sujet logique à inspecter cette instantanéité immobile.

L'extériorité du sujet relativement au domaine du sens effectué a également lieu selon cet enfermement dans la linéarité constituante, qui l'empêche d'aboutir au degré terminal de son acte constituant, qui seul lui permettrait d'en poser la complétude. Ce qui ne se décrit pas comme le fait, pour le sujet, de parvenir dans une sorte de néant logique, de vide protocolaire, qu'il quitterait ensuite en entamant un nouvel acte constituant, une sorte de syntagme insécable, enclos dans l'anticipant de son accomplissement terminal. Le sujet est retenu dans cet en-deçà du logique, un peu à la façon du hamster dans son tambour ou de l'âne attaché à la noria, mais gratifié [1] par cette sorte de « prime de créativité » qui en fait la condition de possibilité du monde. La question de la linéarité de l'effectuation logique se précise selon deux conditions de descriptibilité, sa réduction à l'effet constituant, et l'indescriptibilité d'un état de choses dépourvu de linéarité, fixe et instantané. Autrement dit, cette caractéristique contradictoire d'insécabilité du syntagme constituant se paraphraserait en disant que tout fragment de cette linéarité, même infime, est une linéarité constituante. Serait-ce le « clic » d'une langue à clics ou encore moins. Car tout est ostension déjà en cours de conversion catégorielle. La progressivité de cet acte constituant est enserrée dans l'anticipant initial, et il ne peut pas se décrire comme une succession additive d'unités discontinues. Car cette action descriptive consiste elle-même en un syntagme restreint par l'anticipant représentatif, d'emblée, de son aboutissement. L'objet logique consiste initialement en un acte séquentiel et en ce sens il n'y a pas d'objet logique.

Une figure auxiliaire, de type fictionnel, renforcerait cette descriptibilité du mode d'existence du domaine du logique. Le

---

[1] Voire accablé, si l'ostension est douloureuse et insoutenable, et s'il se trouve dans la situation de voir ce qu'il n'est pas acceptable de voir, ou d'apprendre l'existence de ce qui ne devait pas exister.

logique sacrifie son étendue virtuelle et effectuée (mais dont l'actualisation demeure virtuelle) au profit d'un seul acte prélogique constituant qui, consistant en ce sacrifice perd sa nature de prélogique pour être totalement immanentisé. Mais cet événement est continu et exclusif de narration comme une circonstance fondatrice unique qui périme ce qu'elle a converti en réalité logique. L'acte logique est de cette façon constitutif de l'inaccessibilité de ce domaine de l'effectuabilité matérielle du sens, sur lequel il exerce cet effet d'isolation. La condition heuristique qui le restreint à sa faculté impérative de création exclut la possibilité d'existence d'un objet logique constitué, et la séquence constitutive insécable en quoi il consiste repousse la possibilité d'une séquentialité du constitué logique, franchissable et scrutable. Et ces exclusion consistent en un travail continu. Pour nous secourir d'une métaphore génésiaque, le sujet est l'agent de sa propre expulsion d'une sorte d'éden du sens, relativement auquel son unéité vaut omniscience [1]. De cette façon toute ostension consiste en une éviction, et suscite la position d'un domaine du logique accessible sans travail constituant. La poésie nous en procure des portraits et des images. Mais des utopies mortifères font de même. Et en ce sens, agissant par le biais de l'occultation du sujet créateur de sens, toute utopie est

---

[1] Autrement dit, il n'existe pas de réel logique autre que celui que conditionne son acte constituant.

mortifère et requiert une source de sens non humaine, un Dieu, un Guide, un Maître, un Prophète.

Et quelquefois la parole de ces sources de sens sont consignées dans des textes liturgiques, mystiques, ecclésiaux. Et n'importe quel texte, même la liste des courses, peut se prévaloir de cette qualification, pour peu que nul ne le lise. C'est même le danger qui guette tout texte théorique, la sacralisation par exemption de lecture. Un texte imaginé (avec mille précautions pour ne pas investir la chose ainsi imaginé de détermination catégorielle) est une représentation de la linéarité exempte de source locale, effectuée par un sujet idéal qui la produit sans se produire lui-même selon une modification constituante continue et restreinte à la matérialité de son actuation du sens. L'écrit convient comme métaphore de l'accessibilité réalisée vers l'intérieur du domaine du sens effectué, comme une sorte de voie ouverte et transitable (mais on ne sait ni par qui ni par quoi). La dissimulation du sujet constituant prend ici la forme d'une méconnaissance de l'acte de lecture, ce qui consiste en une contradiction protocolaire. Car l'ostension logique et la conversion catégorielle dont elle est l'anticipant immédiat consistent en un travail de lecture, et partant en l'acte constituant imputable à un sujet. Il serait requis de pouvoir décrire un écrit sans acte d'écriture et un acte d'écriture exempt de lecture immédiate et constituante. Même si on met en branle la fiction d'un fait décomposé en deux temps, un temps d'écriture et un temps subséquent où la lecture peut se déployer. Mais ce partage requiert que l'écrit provienne d'une source inconnaissable et non humaine, et que, lors de sa constitution, l'humain qui a servi d'outil opérateur de ce produit soit un pur récepteur inscient, par exemple un prophète inspiré, ou plus trivialement un médium spirite producteur d'écriture automatique provenant d'outre-tombe.

Mais on peut obtenir une descriptibilité provisoire, à rectifier, en imaginant que l'accomplissement matériel du fait de sens impose sa loi à la possibilité de son accomplissement. La fiction narrative corrélée à cette circonstance imaginée fait apparaître cette effectuation comme la détermination contextuelle unique et constante du possible logique, son cœur contextuel, qui requiert un acte de constitution et de lecture hétérogène à son mode d'être terminalement constitué, et inaccessible à l'intrusion d'un sujet réduit à cette acte de constitution, immanentisant mais seulement le temps que ça dure. Autrement dit le sujet lui-même, initialement retenu en sa fonction constituante, produit l'extériorité qu'il subit. Et la continuité de cette éviction provient de la non suspension de ce travail constituant. Cette continuité n'est pas posable directement et positivement, elle l'est seulement par le biais de la non discontinuité qui doit consister en un acte. Ce en quoi consiste la positionnalité d'une entité descriptible comme un sujet affecté de transcendance non constituante perpétuellement et par nature exclu du domaine du logique réel, celui dont l'existence a partie liée avec la matérialité et la catégorialité . En posture de créateur de tout le sens possible aussi longtemps qu'il demeure en-deçà du sens. Les portraits de ce sujet aussi bien dans la quotidienneté triviale que dans les domaines de la mystique, de la théologie, de l'idéologie sont innombrables. C'est ce que le sujet quelconque cesse d'être en actuant le sens. Mais une contradiction protocolaire effectuée est requise pour établir son impossibilité.

Cette action privative attribuable par fiction à l'entité imaginaire dite « le fait logique » visualisable comme un pavé sur le sol d'un non moins imaginaire « domaine du sens » se réduit au fait qu'il n'y a pas de fait logique descriptible qui ne consiste en un acte constituant en cours, même s'il s'agît d'un fait logique préalablement constitué. L'extériorité du sujet consiste en cette restriction. Mais la condition de possibilité de cette actuation qui fait être le réel logique consiste en l'existence du constitué, en attente d'actuation. Et, par figure, qui se tient immobile devant la porte du sens, autrement dit de l'effectuation de la détermination protocolaire. Et l'inaccessibilité [1] de ce domaine

---

[1]   Inaccessibilité <u>pour quelqu'un</u>, si on accepte la redondance.

tout autant que son effectualité consiste en cette condition protocolaire, qui en même temps la requiert. Un moment temporel ou praxique que durerait et cette intégrité du domaine du constitué logique et cette autonomie du sujet, en position de transcendance relative à ce domaine, non seulement tendrait-il vers zéro, mais il s'annule incessamment. Cette nullité cependant n'est pas institutionnelle, elle résulte de l'effectualité de la détermination protocolaire. Ceci ne décrit que la vie du sens, et résulte du dessein de ne parler que de ce sens qui vit ce que vit le sujet. En effet, il suffit de regarder une personne morte (ou de seulement l'imaginer) pour savoir que, mort le sujet, toute la matérialité du sens qui contextualisait son activité logique est également disparue, même si les choses logiques sont toujours là en train de contextualiser l'action constituante d'un autre sujet.

Mais s'il n'y a pas de moment vide, même infime, au-delà de l'inexistence du sujet, le commencement de la séquence imaginaire qui illustre la non suspension de sa créativité logique ne consiste pas en une sorte de particule vide inaugurale, un germe ponctuel dune successivité subséquente. Le sens n'attend pas le sujet, s'il ne survit pas non plus à sa disparition. La notion de linéarité correspond seulement à la non répétition identique de la constitution du fait logique, qui, pour être le même, doit cependant consister en une actuation constituante. Cette sorte de fixité différentielle est génératrice d'une figure de successivité par défaut, en ce sens que le fait logique ne parvient pas à être « un » au sens de constitué terminalement achevé, enfermé indéfiniment dans l'institution protocolaire de son eccéité. De cette façon l'acte logique consiste en l'abrogation protocolaire de la séquence qui conduirait l'agent du logique vers l'intérieur de sa production effective. Et cette abrogation est constitutive de toute la séquentialité qu'il y a, pour ainsi dire avant que cette séquentialité ne commence à s'accomplir. L'acte logique consiste donc en le retrait continu relativement à un domaine du sens posable sans acte constituant. Ce retrait est un acte producteur de ce relativement à quoi il est en train de se retirer. Ceci est la positionnalité qui suscite des entreprises conceptuelles ou fictionnelles vouées à recouvrer ce que ce retrait fait perdre. Selon la création d'un manque qui correspond à la totalité du monde logicisable, même au degré premier de la simple désignation. S'il était requis d'identifier un lieu imaginaire où situer la production initiale du sens, ce manque corrélatif de l'existence du monde satisferait ce réquisit.

Le lien de catégorialité effective et d'extensionalité indéfinie du catégorisable consiste ainsi en une dépendance réciproque, n'y ayant pas de limite assignable au catégorisable, et l'effectivité catégorielle consistant toujours en la catégorisation de ce qui existe déjà [1]. Ce qui serait descriptible en disant que la catégorialité n'attend pas l'existant, et ne succède pas à sa manifestation. Le fait catégoriel n'est pas un chemin vers le manifeste, mais en provient, selon la réception constituante propre au sujet. Réception constituante qui consiste en la conversion immédiate et sans marges de l'ontologique en catégoriel. Mais soumise à la manifestation, laquelle reçoit de cette condition, ou détermination protocolaire, la levée d'un risque d'incohérence et de chaos, quoi qu'on fasse, ce qui inclut toutes les tentatives effectuables destinées à rétablir le chaos et l'incohérence. Il se peut qu'il y ait du non pensable dans l'ordre du fonctionnement naturel et du monde et du cosmos, mais le seul fait d'en prendre connaissance les soumet aux condition de la détermination protocolaire, même appareillée et formalisée (un spectroscope, une équation), au-delà de la captation sensible primaire et spontanée. Le monde des choses, même déterminé par une visée poétique ou conceptuelle [2] n'existe que sous cette forme dirimée, et en dehors de cette perte cela ne peut subsister que comme formation fictionnelle, dans l'ordre de la poésie ou de la mystique. L'acte inaugural de la position du monde consiste en cette perte créatrice, car en dehors de la conversion catégorielle,

---

[1]   Cette caractérisation n'est réelle que pendant le déroulé de la catégorisation actuelle, et ceci est vrai quand quelqu'un le sait.
[2]   Voir par exemple Francis Ponge et son « Le parti pris des choses »

il y aurait plausiblement un monde, et un cosmos, mais pour nul sujet. Équivalent logique de néant.

De cette façon l'actuation matérielle du sens qui précède l'existence du sens constitué est la cause positionnelle du domaine auquel aboutirait cette successivité, qui est suspendue par l'acte même en lequel devrait consister son accomplissement. Cette circonstance protocolaire est le mode de création continue de l'inaccessibilité du monde tel qu'il devrait exister au terme de l'aboutissement de cette première séquence constituante. Et cette inaccessibilité est une réalité logique, et pour autant qu'il ne peut pas y avoir d'actuation logique que de ce qui existe, on peut la décrire comme le biais pour une production du seul mode d'existence d'un réel logique accessible, autrement dit l'acte de constitution individué en lequel il consiste et en lequel consiste son accessivité. Ce qui fonde la narrativité suivante, le monde se met à exister moyennant cet acte de constitution préliminaire, une sorte de prologue à son existence, qui demeurera sa seule façon d'exister [1]. Mais l'acte logique en raison de cette circonstance ne quitte pas son état de préambule et créateur et spoliateur du monde. L'extase contemplative ou la scrutation herméneutique sont parmi d'autres des modes de position de cette extranéité et de l'extrême proximité du monde en dehors de

---

[1] Plus succinctement, il suffirait de dire « le sujet est vivant » pour caractériser cette circonstance créatrice.

l'actuation logique en cours. Outre toute autre caractérisation, le mode d'existence assignable à ce que désigne le terme « monde » consiste en cette attenance.

La condition de localité qui détermine et le fait logique en situation d'effectuation et l'attenance à ce qui demeure et extérieur et nécessaire à ce que cette effectuation puisse commencer exclut la possibilité d'une suspension de ce lien productif. Le « encore non logique » apparaît come la source ou l'apport matériel qui suscite le sens, mais de ce « pas encore logique » le sujet et celui qui en parle ne peut connaître que le processus de conversion locale. Ce qui pourrait engendrer la narration mythique d'un sujet qui puise dans le monde la matière du sens, ou qui passivement l'accueille. Distorsion rhétorique presque insaisissable, car la matérialité intrinsèque à l'effectuation du sens n'est ni manquante ni puisée ailleurs que dans le monde, définissable également par la constance de cet apport matériel. En inférer l'existence autonome de ce réservoir de choses aptes au sens, l'écart entre le sujet (soumis à la condition de localité) et ces rivages fertiles, et un lien non protocolaire qui les relierait lors du travail constituant est impossible par contradiction protocolaire. Cette circonstance n'autorise qu'à énoncer une certitude négative, le monde n'est pas inexistant, assertion qui ne vaut que pour la durée du travail de constitution de la réalité logique, et nullement au-delà de la séquence en quoi consiste cette constitution, séquence insécable et posable seulement par anamnèse. De même, la clôture dans la condition protocolaire ne provient pas du tracé d'une borne, elle n'est clôture que relativement à l'extériorité que cette condition pose et requiert. Relativement à ce monde contextualiseur on ne peut qu'utiliser la formule de double négation : [non(non monde)] sans pouvoir conclure « donc monde ».

III - Objet

Et cette constitution locale épuise toute possibilité de séquentialité, et consiste en une linéarité insécable, propre à tout signifiant. Car tout signifiant est linéaire [1] si on tient compte d'une linéarité temporelle, durée requise pour que le manifestable apparaisse conformément à la loi protocolaire, autrement dit de la seule manière qui soit conforme à l'actuation par un sujet (humain, s'il fallait le préciser) contextuellement déterminé (car « le monde » inclut la corporéité du sujet, externe et interne, superficielle et profonde, naturelle et artificielle). Et si on accepte l'image d'une vaste linéarité composée par toute l'étendue du sens déjà effectué et matériellement inscrit et de l'histoire de toute émission de sens seulement produit en dehors

---

[1]   Même le signifiant visuel, tactile, intéroceptif etc.

de toute forme d'inscription (même seulement mnémonique), cette réduction à la séquence constituante locale, une, insécable, semble tenir d'une ascèse ou d'une mutilation volontaire. Mais pour que toutes ces choses et ces prodiges existent, pour quelqu'un, un travail local et restreint de constitution est requis, qui nous spolie de toutes les formations de cette linéarité extérieure constituée. Et même si on imaginait que le sujet est détenteur de cette particule du monde en quoi consiste le fait logique en cours d'effectuation, comme, en quelque sorte, une araignée qui enveloppe sa proie, ou la bouchée de nourriture, on serait obligé de décrire cet état de choses comme la séquence constituante locale et insécable, qui consiste en une perte de l'état de chose constituée utilisée pour la description du monde en dehors de l'acte logique, et partant la perte de cette imaginaire parcelle de monde extérieur dont l'acte logique serait le détenteur. Le monde ne fournit pas un objet au sujet constituant de sens, il individue ce qu'en raison de cet acte est perdu pour tout sujet. Il fournit un nom et une matière à cette forme d'inexistence de la chose logique. Relative au monde, comme une plaie positionnelle.

Ceci est un commencement du commencement, le début de la condition d' inchoativité car sans cette destruction locale de toute séquentialité non constituante cette séquence constituante cesserait de se déployer faute de pouvoir commencer non pas de

« zéro » mais selon un zérotage protocolaire inhérent à l'impossibilité de dépasser son produit pour aller voir plus loin comment est le constitué, en dehors de toute constitution et de toute apparition (qui le ferait choir en fait catégoriel) et comment accéder au possible logique localisé au-delà de cet acte constituant. La linéarité réelle, qui est la positionnalité de toutes les figures linéaires effectuables se décrit donc comme cette non instantanéité et cette non terminalité en quoi consiste la lisibilité protocolaire du fait logique. Ainsi, la durée du logique est caractérisable comme celle d'une lecture, lecture créatrice, lecture constituante, mais lecture exclusive d'autonomie ontologique, qui ne peut, autrement dit, être lecture de rien, ou consister en une matérialisation de lecture déjà effectuée, serait-ce celle en laquelle elle-même consiste. Le sujet de cette façon produit sans cesse son extériorité au logique, même à l'objet le plus proche, le plus strictement actuel, celui qui décrirait le constitué en cours d'effectuation. L'acte du sujet est de cette façon l'élaboration catégorielle d'une absence, d'une évanescence ontologique qui le réduit au sens, sans réduction ni dépassement. Et essentiellement sans objet terminal, compatible uniquement avec l'inexistence du sujet. Et ceci vaut même pour le coup de gourdin sur la tête, catégoriel jusqu'au bout, qui aura causé son décès.

L'extensivité d'un fait catégoriel ne provient pas d'une

observation ni d'une expérience spontanée, c'est la paraphrase d'une négation protocolaire, qui s'exprimerait en disant « pas une chose » ou « pas de singularité » ou « pas de non différence », car le constat de différence requérait une observation de toutes les occurrences effectuables en guise de comparaison. Or chaque occurrence , serait-ce celle d'un même objet doit se produire, et consister en un nouveau travail constituant, unique, préalable à un commencement imaginaire d'une successivité ultérieure à cette séquence constituante exclusive de suspension et de coupure. Et même la condition d'inchoativité, condition de possibilité du fait qu'il y ait du logique doit subir l'épreuve de possibilité, ou de compatibilité positionnelle au déroulé du travail d'effectuation de sens. Le logique, dont l'existence est conditionnée à la possibilité effective de commencer doit de cette façon produire sa propre possibilité, ce qui a lieu en mode privatif. Le logique commence au point même de sa cessation, et par le biais de ce qui contrarie cette cessation, corrélée à la terminalité de l'acte constituant, ouverture vers une transcendance du sujet relativement à l'effectuable, que l'acte logique lui-même abroge. Cette jonction par le néant autorise l'existence du logique et de chacune de ses effectuations. Ce en quoi consiste la condition positionnelle, autrement dit la paraphrase du possible en sa version exempte d'acte constituant, donc de sujet.

Quel que soit le constitué, ou infime ou aussi étendu et élaboré que la chose logique figurable comme un texte exhaustif (relativement à son thème ou relativement à la possibilité de le faire croître sans dévier de son but) son effectuation produit simultanément une exclusion antérograde de l'acte constituant, qui n'existe qu'agissant et en s'y restreignant. C'est relativement à l'impossibilité protocolaire d'un constitué terminalement effectué (aussi impossible qu'indescriptible) qu'il y a toujours une place pour l'acte antécédent en lequel consiste l'inchoativité, et cette fonction sera permanente aussi longtemps que quelque chose existe qui vient défier le sujet logique et perdre la partie en ce qui concerne le défi ontologique, tout en consistant, moyennement cette perte, en l'effectuation matérielle du sens, autrement dit en l'acte constituant imputable au sujet. Qui devient ainsi un fait séparé relativement au monde des choses identifiables par la seule détermination ontologique, et en même temps dépendant de la survie de ce monde alogique auquel il procure la constante génération inchoative. Nul agent, nulle fonction n'autorise la qualification d'antécédant causal du sens effectué, cette place est allouée à toute chose dès sa manifestation, et la spolie de son unité et de son intégrité. Toute chose existe pour une autre et pour toutes les autres. Dans ce mode de travail constituant il n'existe que des choses inaugurales, et en une formule concise le monde seul est la cause du monde, si un sujet s'y trouve. De cette façon toute chose consiste initialement en un acte de dévoilement et du monde et du sens.

Acte de dévoilement constituant [1] indépassable, car le monde existe seulement sous forme de dévoilement constituant. Pas d'observation neutre et objective, pas d'affranchissement de ce travail d'actuation préliminaire. Le monde exempt de constitution logique est protocolairement inaccessible, et cette restriction est absolue. Même les situations de fétichisme, de collectionnisme, de culte des reliques, d'attachement au « doudou » quelconque, ou, selon la poésie, le « Parti pris des choses » (Francis Ponge) consistent en des expériences extrêmes de l'irréductibilité de cette condition constituante. Mais cette conversion illustrable par l'image d'une articulation du monde au monde, « monde » selon la détermination ontologique tout d'abord et « monde » ensuite selon la détermination logique (mais cet itinéraire ne peut être ni inscrit ni expérimenté, seul le dernier terme existe en tant que fait de sens) même si elle est inabrogeable ne peut être escamoté, au profit d'une image de

---

[1] L'extension de cette notion est indéfinie, depuis l'impression sensorielle la plus immédiate jusqu'au traitement scientifique le plus formel, la paraphrase mathématique (mise en équation), l'actualisation symbolique, l'analogie inconsciente, la réminiscence, l'assomption esthétique, la compréhension technique, et tout le savoir possible est impliqué en cet acte constituant.

production séquentielle autonome quant à la condition protocolaire. Autrement dit, tout en étant inévitable, cette conversion doit s'effectuer, quoi qu'en pense Pangloss. Ce discret désastre itéré de la séquentialité productive (une sorte de mort inaugurale) est le mode constant d'effectuation du sens, et la cause de l'extériorité du monde relativement au sujet constituant. L'empirie la plus modeste saurait ici quoi dire : il y a sujet et il y a monde. Toujours, mais ce « il y a » est totalement soumis à la détermination protocolaire.

Imaginer un dispositif-agent, une sorte de gnome logique, d'instrument producteur, mais lui-même soumis à la condition de constitution effective ajoute une paraphrase fictionnelle à la descriptibilté de l'effectuation du sens selon l'irréductible et indépassable condition d'inchoativité. Cette substantivation d'une fonction est cependant informulable en raison de la contradiction protocolaire qu'elle comporte. Car une telle entité figurant la productivité de la condition inchoative ajouterait un objet logique à ce domaine de l'effectuable, soustrait à la condition de possibilité de toute effectuation. S'il est admissible de mentionner une forme de textualité illimitée, non pas à un instant précis du déroulé de l'effectuation logique, car un tel instant est inassignable et irréel, mais sous la forme de la non limitation ou de la négation de la non textualité globale, la génération de ce monde du sens effectué ne peut s'exempter de la condition imposée au possible logique implicite en sa constitution. Consistant en un travail affecté d'extension temporelle cette précession absolue n'est ni un aboutissement (non productif) ni une sorte de surrection ab nihilo, elle est elle-même sa propre précession, et ne peut être plus que cette précession. Sous forme d'anticipant en cours d'actualisation, et exclu de terminalité constatable et dépassable. De cette façon, le fait logique ne parvient ni à être identique à lui-même, ni à s'inclure dans le domaine du sens déjà effectué. Le sujet est créateur. La chose aussi.

De cette façon, il ne peut pas être question d'un sujet logiquement productif localisable dans une sorte d'expansion ou de débordement en-deçà du fait logique que sa constitution atteste, dont elle autorise le témoignage, toujours anamnestique, et dont la justesse se mesure à sa compatibilité à la condition protocolaire, ni de sujet descriptible en état d'abstention logique et qui pourrait (ou non) prendre la décision de « logiciser » ce qui par son entremise se manifeste. Si on pouvait assigner un instant au commencement de son existence logique, il coïnciderait exactement avec le commencement de l'existence du fait de sens en cours d'effectuation. C'est du moins, en toute certitude, ce qui peut s'en dire. Il est donc trop tard pour opérer une restriction (ou abstention de constituer), car l'accomplissement de cet acte d'abstention est lui-même constituant. Et même l'anticipant ne se précède pas lui-même, ne s'anticipe pas, et ne provient pas d'une inexistence attestable (attestation qui abroge l'inexistence). Ce commencement consiste en la transformation en anticipant de ce qui est déjà. Cette transformation consiste d'emblée en une immanentisation du commencement du logique, relatif à une extériorité que cette immanentisation n'annule pas, mais requiert continument. Transformation locale mais liée à l'effectuabilité illimitée du sens en quoi consiste le monde. Descriptible comme une boucle protocolaire limitrophe. Cette extériorité, que, un peu rudement, désigne le terme « le monde » est certes « ce qui est » mais, ce qui est, est pour autrui seulement car nul ne peut y aller voir sans la convertir en boucle limitrophe constituante. Et cet « autre », constitué qui siègerait au sein du constitué, est aussi voué à se convertir en une chose logique.

62ième proposition

L'Adam taxonomique

Pour accéder à son nom tout ce qui se manifeste converge vers un sujet.

I - État

Si par économie stylistique on paraphrase l'expression « sujet logique, humain par redondance » en « homme logique » et si la nécessité inchoative n'est pas abrogée relativement à cette entité, le processus inchoatif relatif à l'homme logique consiste en une perte individuée de sa détermination ontologique. Positionnalité de tous les mythes de la chute et de la rédemption, depuis le plus bas degré, illustré par les théories en cours du « développement personnel » (voire sectaires) jusqu'aux élaborations métaphysiques et mystiques de cette restauration rédemptrice, en passant par les fictions utopistes dont la descriptibilité inclut obligatoirement la mort (symbolique ou effective) de l'homme qui doit céder la place à « l'homme nouveau » par métamorphose ou remplacement. Si l'homme logique ne provient que de l'homme logique, cette provenance est accidentée par cette articulation péjorante. C'est ainsi que tout commence, et ce commencement est une inépuisable dirimance.

Cette condition constituante initiale est indérogeable, et

rend impossible tout désir de rédemption ou de guérison du dessein de ré-ontologisation du sujet, nullement en vertu d'une prescription transcendante, mais selon la condition de descriptibilité, qui exclut cette abrogation par contradiction protocolaire. En raison de l'indescriptibilité d'un sujet apte à rapporter un fait de catégorialité exempt de source ontologique et qui serait à même de caractériser le sujet logique en son aboutissement purement catégoriel. Ce tourniquet constituant qui fait être et le sujet et le logique scelle l'extériorité du sujet par rapport à sa propre réalité, et impose la constance de la valeur délocutoire de tout ce qu'il peut en dire. Le sujet qui se mentionne, serait-ce pour énoncer « je suis car je pense, pendant le temps que je pense, quoi que je pense, même si je pense que je ne suis rien » pour paraphraser le constat cartésien fondateur de la possibilité de certitude logique. Ce sujet qui parle du sujet est protocolairement inaccessible tout autant que le sujet en quoi consiste l'objet de son énonciation. Cette inaccessibilité est une fatalité péjorante, mais payée en possibilité de constituer des faits de sens, autrement dit tout le logique qui peut exister. Cette perdition ontologique est le premier acte de sens.

Quoi qu'il en soit et du monde et se sa réalité logique tels qu'il seraient en absence d'acte logique constituant et d'autant que nul n'est censé en pouvoir apprendre quoi que ce soit, ni d'accueillir des informations provenant de ce domaine qu'un autre sujet eût pu lui prodiguer, il est certain que la descriptibilité du mode d'existence de l'homme logique est déterminée par la même condition inchoative que celle que subit toute manifestation dont le mode d'existence est soumis à celui de l'homme logique, ou plus concisément, une détermination protocolaire première, immédiate, irréductible et irréversible, mais devant avoir lieu. Et même si la limite du domaine de l'effectuabilité catégorielle de ce qui existe est indéfinie et inassignable [1], l'expérience ininterrompue de l'actuation du sens la rend aussi indéniable que cette non suspension. Indéniable mais insaisissable et inatteignable par un sujet retenu dans son acte constituant initial. Cette inaccessibilité est son mode d'exister, qui se prête à sa qualification comme un état de choses que son exclusion fait durer.

Ce mode d'exister du monde, exclusif de témoignage (survol, comptabilité, recensement etc.) est le thème de la clôture inchoative qui l'actue et l'isole. Sans cette virtualité (ce possible contradictoire à son actuation) pas de commencement. Une identité impossible est la cause constante et inabrogeable de l'accomplissement possible du réel logique. Comme la créature malicieuse et puissante qui dit au sujet « je dis que tu n'es rien. Dis-le à ton tour, pour voir », et qui fonde la tautologie

---

[1] Plus rudement : « tout se dit »

protocolaire, par voie de négation de négation du possible. De cette façon, il est licite de caractériser le fait logique comme une contradiction opposée à la néantisation du monde par son inaccessibilité, et cette contradiction consiste en un acte constituant, soumis à la détermination protocolaire, ou plus grossièrement soumis à l'intervention d'un sujet. Ce premier acte constituant est la condition d'existence logique du monde, en même temps que du maintient de son extériorité. En quelque sorte, cette extériorité est circonscrite à l'acte initial constituant, et en dépend. Créer du sens est se séparer du monde.

Et la suite de cette séparation est le retour et la fondation pour ainsi dire vierge et nouvelle d'un monde. S'agissant de la constitution catégorielle, on ne peut pas faire moins. De cette façon, le monde provient du monde par le biais d'une annulation individuée de son inaccessibilité. Et, pour nous, l'existence logique du monde s'inaugure et se déploie toujours moyennant cette levée individuée de son impossibilité, levée contenue dans ce en quoi consiste la matérialité du monde. Matérialité qui n'est pas observable, mais qui se déduit à partir de sa déchéance ontologique, et pour ainsi dire par reconstitution de ce qu'il en eût été avant le désastre catégoriel en quoi consiste sa constitution logique. L'inaltérabilité de cette fondation protocolaire tient à la monotonie de cette procédure inchoative, passive quant à la matérialité, et cause de la déchéance (ou magnification) en fait catégoriel que subit le stade imaginaire de cette matérialité caractérisé par une détermination purement ontologique. Cette succession n'est ni descriptible ni observable, mais c'est le seul récit qui ne dénie pas l'assertion (ou l'hypothèse, voire le postulat) selon laquelle quelque chose existe. Plus exactement, conforme à la contradiction protocolaire implicite dans l'énonciation du propos : « nulle chose n'existe ».

Aussi non-énonçable que l'assertion « le sens n'existe pas » qui, de l'avoir désigné, a déjà contredit ce qu'elle asserte. L'irréversibilité de cette conversion de l'ontologique en catégoriel s'illustre par des termes de transition, relatifs à ce qu'on peut dire de la chose, manifestation, apparence, phénomène, ostension, que surplombe sa caractérisation comme « fait catégoriel ». Quant on sait quoi que ce soit de ce qui est, cela est déjà un fait catégoriel sauf si rien n'existe. Et si on postule que quelque chose existe, ce qui existe, en raison de cette conversion, ne peut apparaître que comme ce qui était déjà là. Donc, la constitution du fait de sens apparaît initialement comme une réception à partir d'un « fonds ». Inépuisable en ce sens que son épuisement est inexpérimentable et non énonçable. Et la constance de cette procédure fondatrice, et même sa monotonie et sa pauvreté est la source de toutes les formes de la cohérence logique du monde, qu'elle soit empirique, scientifique, mystique, philosophique, poétique, magique ou simplement farfelue.

La recherche d'un contenu premier, d'une cause conceptuelle du pensable, provient de cette restriction protocolaire (on pourrait dire praxique, pragmatique, instrumentale, qualifications que le terme « protocolaire » englobe) et de sa périssabilité constante, en laquelle consiste la requête et la virtualité d'un cas fondateur encore plus fondamental et premier, affranchi d'origine contingente et de source ontologique. La souveraineté d'une cause transcendante (relativement à l'acte constituant imputable au sujet) de laquelle divergerait tout sens constituable est la paraphrase de cette néantité que prescrit l'acte logique en cours, toujours premier de fait. Car il ne peut pas avoir une dérivation descriptible (même formellement) de fait logique à fait logique, sans l'entremise de l'acte constituant. L'identification d'une cause conceptuelle de toute conceptualité (le plus souvent, Dieu ou l'Être) consiste en un enfermement constituant comme un autre, exclusif d'issue et de continuité progressive autonome. L'utilisation de ces entités causales est une paraphrase de ce qui peut se décrire comme le mode ordinaire de constitution du fait logique. Et une métaphore du sujet logique et de son inexistence en dehors de l'acte constituant.

Comme si une entité, le logique, puisait un fait quelconque dans le réservoir ontologique encore indéterminé, apte à produire sa propre effectuation inchoative, indifférent à tout critère de fondamentalité intrinsèque. Cette narration n'est pas fausse, si on l'épure de la métaphore prosopopéique en se résignant à l'absence de descriptibilité d'une cause logique première. Ce qui rend licite l'attestation du fait que la première fois cela s'est déjà passé ainsi, dans la mesure où l'on peut en dire quelque chose. C'est effectivement le logique tel qu'il existe qui discrimine le contenu protocolairement fondateur. Le mode d'existence de cette cause actuante du sens réduite à son effectualité et la contrainte à réduire son extériorité virtuelle est la positionnalité de cette extériorité, imaginée en dehors de l'acte qui l'abroge. Même si l'acte de l'imaginer (ou d'en produire la fiction) réitère cette même abrogation. L'immanentisation de la cause est indescriptible sans l'existence de ce contexte ontologique qui n'est rien (quant au sens) en dehors de sa conversion catégorielle, fondatrice du fait qu'il y ait du logique, et qui n'aurait pas eu lieu en dehors de ce fonds contextuel. Dire qu'il y a quelque chose est un fait logique, mais il ne peut pas s'effectuer si aucune chose n'existe.

Toutefois, cette inexistence et de quelque chose et de sa conversion immédiate et irréversible en fait catégoriel entraîne qu'il n'y a pas « quelque chose », mais une ostension déjà logiquement déterminée, autrement dit constituée déjà en fait de sens. L'inexistence d'un autre agent constituant du fait de sens que le sujet humain (« humain » par redondance) est ce en quoi consiste la positionnalité de toutes les figurations fictionnelles d'une cause et d'un causant produites moyennant l'individuation de cette inexistence. De même, le « fonds ontologique » dont l'existence se manifeste lors de son abrogation et de sa conversion immédiate en fait catégoriel n'est pas inexistant, même si son existence ne se manifeste que moyennant cette conversion abrogative, irréversible et immédiate. Même en extensionalité, le logique inclut toutes ses impossibilités, et provient de leur abrogation fondatrice. Ce réel logique consiste par conséquent en cette abrogation effective et individuée du néant logique et un différement réitéré du néant ontologique. Et nul n'assistera jamais au spectacle de la cessation de cette procédure.

Cette abrogation du néant logique ne succède pas à une halte, à un palier alogique à partir duquel l'acte de résiliation de ce néant s'accomplirait. L'actuation individuée de cette résiliation de l'absence d'acte logique même pendant le temps de l'effectuation énonciative (implicite dans l'énonciation quelconque) est anticipée et c'est à l'intérieur de cet anticipant que l'acte énonciatif peut avoir lieu. Or, cet anticipant n'est pas non plus une sorte de surrection ab nihilo, il requiert, en remontant dans l'ordre régressif, une ostension et un contexte ontologiquement réel, autrement dit que quelque chose soit. De cette façon il n'y a pas décalage entre le réel ontologiquement déterminé, l'imaginaire et le fictionnel. Tout est premier en même temps (mais cette primauté complexe n'est effective qu'à partir du dernier terme, qui inclut tout les autres) et circonscrit à une condition contextuelle. Ce qui autorise toutes les paraphrases et canonique et dénégatives. La paraphrase dénégative remonte la séquence catégorielle, pour en contrer l'irréversibilité [1]. Autrement dit la possibilité de la paraphrase est du même ordre que celle de la catégorialité de l'impossible ou de la catégorialité protocolairement contradictoire. Et ce constat ne nous accorde pas l'annulation de l'impossible, qui demeure désignable. La paraphrase déniante est possible car l'assertion est déjà une négation de la paraphrase impossible, qui est originelle, depuis la simple identification (désignation, description, narration) de l'entité logique protocolairement contradictoire. Autrement dit, le logique est soumis à la règle de l'existence indéniable même de ce qui n'existe pas. Cette non annulation de l'impossible, ce cliquet ontologique est la raison de la catégorialité de l'impossible et de la primauté de l'impossible. Cohérente avec la possibilité de langage car « regardé objectivement » (si cela se pouvait) le langage est un recueil d'effectuations lexicales de l'impossible, duquel on ne peut se

---

[1]   Certes je ne dis pas « je ne suis rien » et cependant, je l'ai dit, et c'était vrai juste à l'instant et terminal et inchoatif où j'ai commencé à accomplir cet acte d'énonciation

passer. Le « nom » n'existe pas en dehors de l'actuation protocolaire. Que ce soit Dieu que ce soit une savate. Le sujet logique est aux prises avec l'imaginable, ou la fictionnalité possible. Fatalement, mais il y met bon ordre. En ne contrevenant pas à la rigueur et à la nécessité de sa condition euristique. Car inventer consiste uniquement à faire que ce qui est soit et il est trop tard pour ne pas inventer. Et le « à faire » assigné à cette condition euristique de possibilité du fait réel est innombrable et ses limites ne sont pas assignables. Quand le travail de conversion catégorielle aurait épuisé tout l'univers, tout demeurerait encore à faire pour ce travail d'actuation du sens.

La fiction anticipatrice qui contient le travail de constitution du fait de sens est descriptible comme l'aboutissement irréversible d'une séquence imaginable en trois temps, qu'il y ait chose, que cette chose consiste en une ostension, que cette ostension, de nature catégorielle soit une fiction anticipante. Le sujet logique existe à l'intérieur d'une fictionnalité indépassable. Pour nier cette description, il faudrait soutenir (avec succès) qu'il n'existe pas de sujet logique, ou qu'il n'est pas nécessaire, pour qu'il y ait du sens, qu'il existe un sujet logique, ou que ce sujet logique déborde de son acte constituant, ou que le sens déborde de la circonscription de cette constitution. Faute de quoi, elle est indéniable (sauf s'il existe un sens dont nul ne sait rien).

Et ce mode d'effectuation est exclusif de commencement (il consiste en un commencement et ne peut ni en provenir ni l'inclure), de cessation (qui serait un fait logique essentiellement inconnaissable) et de terminalité (qui requérait un moment de dépassement du logique, donc extérieur au logique, donc alogique, donc logiquement inexistant, pour que quelqu'un puisse en prendre connaissance ou simplement l'homologuer).

Cette triple exclusion autorise à considérer que cet état de création à l'intérieur d'un anticipant fictionnel est la seule situation descriptible de l'actuation du sens par un sujet logique. Mais en même temps, elle stipule l'impossibilité d'un enfermement dans cette machine inchoative, faute de limites assignables avant, pendant et à la suite de l'aboutissement du travail constituant. De cette façon, le logique ne siège ni dans le néant, ni dans le monde, mais seulement dans le logique. Et nullement dans un logique encore virtuel, à faire, à venir, mais délimité irréversiblement par son propre anticipant, caractérisable comme la fictionnalité immédiate du réel ontologique. Tout ça ne vaut que pour le temps que cela durera.

Que « tout soit », se valide par l'incapacité protocolaire à borner cette attribution, en assignant une dénégation ontologique à quoi que ce soit, que cette dénégation constituerait. Autre chose est l'existence logique et ce qui peut s'en dire. Car en dehors de l'accomplissement protocolaire actuel, il est non seulement autorisé mais imposé de dire, au sujet de cet inaccompli, « cela n'est rien » à condition de ne pas l'identifier. Le logique est dans le logique sans en provenir. L'opération euristique, en ce sens, conditionne l'existence du monde, mais le monde y met du sien. Pour nous, il n'y a pas de monde dont l'existence aurait précédé (même d'une infime parcelle de temps aussi infime que l'on voudra) la logicisation. Y en aurait-il, que le fait d'y aller voir en abrogerait la réalité. Et c'est en quoi consiste l'acte logique. Car ce qui est requiert cette assomption euristique pour être quelque chose, pour nous bien entendu. Et même ce qui serait sans être « pour nous » le deviendrait si on le repérait. Qu'il y ait quelque chose n'est pas dicible en vertu d'une vérification neutre, c'est une découverte constituante. Imputable, indissociablement, et au sujet et au monde.

Le répertoire de l'imaginable n'est pas illimité, même si aucun terme ne peut être assigné à son extensionalité. Autrement dit l'imaginable ne déborde pas de l'imaginé effectif, dépendant de l'ostension par laquelle se manifeste l'existence de ce qui appartient au domaine de la détermination strictement ontologique, que l'acte constituant en quoi consiste le seul fait d'en connaître réduit à une formation catégorielle. Sauf s'il n'existe aucun humain, cette dépendance réciproque qui lie l'ontologique au catégoriel est indissoluble, même si elle ne peut être conçue qu'à partir du terme aboutissant, la catégorialité qui résulte de cette conversion immédiate et irréversible. Et l'accomplissement de cette conversion n'est pas un événement instantané, donc indécelable et indescriptible. Immédiat et irréversible mais requérant une élaboration séquentielle (en quelque sorte, la fabrication d'un signifiant) conforme à l'anticipant qui depuis le début le représente. Sans que cette séquence constituante nous procure une continuité séquentielle au-delà de son aboutissement restreint, et non terminal. Il n'y a pas de séquence non constituante, ce qui retient l'acte constituant en-deçà de son produit putatif. De cette façon, l'anticipant qui génère le travail catégorisant est une effectuation de l'imaginaire, pendant le temps que dure ce travail d'effectuation inabouti. Ce qui autorise l'apophtegme suivant, il peut y avoir de l'imaginaire parce qu'au commencement il y a toujours de l'imaginaire [1]. Pittoresquement, disons que le monde prend forme dans un moule fictionnel.

Cette perte d'ontologicité ne se produit pas une fois pour toutes ni en une seule fois, au début de l'opération catégorisante, qui serait la porte d'un monde du sens quelque peu stellaire. La non discontinuité de l'actuation catégorielle du sens affecte cette perte d'une sorte de permanence continue. Il y a stricte

---

[1]   Au dam de notre envie de voir les choses telles qu'elles sont.

coextension entre le domaine du logique possible et de l'ontologique perdu. Car l'ontologique ne peut apparaître que moyennant l'acte d'accomplissement de cette perte. Perte qui, étant ce en quoi consiste l'effectuation logique, ne peut jamais faire défaut. Et cette perte requiert un substrat qui consiste en un état de pure détermination ontologique n'ayant d'existence, pour nous, que par le biais de l'effectuation catégorielle en quoi consiste sa perte. Or cette déchéance en ontologique (que l'on peut paraphraser comme une magnification) est le lot de toute la production catégorielle, dont la matérialité se figerait en entité ontologique dans le cas ou un sujet, ayant pu le constituer terminalement en aurait acquis la faculté de se retourner pour le contempler sans dérangement protocolaire infligé à son état. Cette imminence est constante, et cause la positionnalité d'un monde enveloppant et pourvoyeur du matériau à logiciser. Qui n'existe et ne se reconstitue qu'au prix de sa conversion catégorielle. Voir est quitter le monde et un monde est requis pour accomplir ce retrait.

Cette situation de l'acte constituant comporte une constante imminence de cessation par voie d'aboutissement terminal. Mais l'existence logique de cette cessation est une contradiction protocolaire. Ce qui peut se figurer en disant que l'acte du sujet de l'actuation du sens se trouve en permanence au bord de l'ontologisation et de la mort. Cette ontologisation de son produit devant se décrire comme une « re-ontologisation », ou un retour en arrière de nature à recouvrer l'ontologicité manquée et toujours là, l'entourant en tant que « chose à manquer ». C'est le mode logique d'existence du manque ontologique, manque qui, à défaut de nous accorder l'accès au monde, à l'être, au réel (à une immanence exempte d'acte d'immanentisation) nous affranchi du risque de cessation et nous octroie la constance du travail d'effectuation matérielle du sens, et la soumission joyeuse ou douloureuse de la contrainte à créer, même ce qui existe. Et, rétrospectivement, uniquement ce qui existe.

Soit un représentant métaphorique du sujet constituant, que désignera le terme provisoire « le logique ». À utiliser ce subterfuge rhétorique , on serait fondé à établir ceci : le logique est dépourvu de discernement et partant de choix envers ce qui de l'ontologique a à être logicisé, ou non. Tout est descriptible comme provenant de l'ontologique (en dissimulant la cause constituante, autrement dit l'existence, là, du sujet), lequel, sans transition, se converti en ostension. La scotomisation de la cause constituante provient d'inexistence de décalage entre l'existence du sujet et l'ostension déjà logique. C'est le mode d'effectuation immuable de l'inchoativité. Et cette primauté immédiate et irréversible de l'acte constituant est réelle sans précession ni débord. L'acte propre du sujet est exclusif d'observation, faute d'un instant qui en serait exempt. Seul la dénégation dont il serait l'objet apparaît comme une contradiction protocolaire. La validité positionnelle de même résulte de la simple effectivité de la catégorisation. Dans ce domaine, peut être ce qui a pu être et cette clause est inabrogeable. Car le dessein de l'abroger requiert son accréditation. Satisfaire ce dessein requiert d'anéantir les conditions de possibilité de l'inchoativité constituante, autrement dit l'existence de tout sujet, et le retour au chaos et au tohubohu, et encore, à condition que nul n'en sache rien.

Et alors les causes du sens pullulent, du côté de l'agent actuant comme du côté de la matérialité commise à cette détermination. Faute de sujet réduit à cette aptitude constituante, on disposerait de sujets aptes à constituer du sens, au gré de leur désir ou de causes transcendantes. Et ils sont légion. Prophètes, gourous, voyants, experts, grouillement de déités disparates, objets fétiches ou naturels, imbus de forces et de virtualités spirituelles foisonnantes. Production simplifiée par son infaillibilité, car quoiqu'on fasse ou imagine concernant l'origine constituante, où que ce soit et moyennant quoi que ce soit, le fait de sens ne fait jamais défaut, si cette manipulation est l'acte du sujet qu'elle vise à scotomiser. Faute de quoi, l'hypothèse qu'il y a des faits de sens et qu'il n'y a pas des faits qui en soient dépourvus par hétérogénéité ou extranéité doit être rejetée. Sauf si ce rejet est encore un acte logique. En ce qui concerne la matérialité commise à devenir fait de sens, si jamais cela existe (et que signifie « exister » pour nul sujet ?) rien ne pourrait opérer la conversion catégorielle, qui est immédiate dès lors que l'existence de cette matérialité est d'une manière ou d'une autre perçue. Et même la prise de connaissance la plus immatérielle, celle d'une image de Centaure ou celle qui identifie et caractérise la pierre qui n'a jamais encore existé, selon Descartes, provient d'une matérialité et se constitue matériellement. Chose que dit le propos rudimentaire suivant, le sujet a un corps et n'est rien en dehors de ce corps. Ce qui vaut pour son odeur, son cri, et la fumée de cigarette qui le prolonge à l'extérieur.

Mais l'immanence de ce commencement toujours tardif relativement à un instant du temps logique où il n'aurait pas encore eu lieu est une occurrence protocolaire, plus exactement consistant en une action contextuellement déterminée, une praxie imputable à tout ce qui constitue la réalité actuelle du sujet, y compris la totalité de son passé et l'anticipation de son avenir. Et par image la posture du sujet est celle d'une fabrique de l'immanentisation du sens par le biais d'une ostension quelconque, même relevant du délire. L'ostension étant immédiatement fait catégoriel, il n'y a pas d'ostension pure, autonome, objective, et en ce sens il y a continuité entre ostension réelle et ostension hallucinatoire. Ce qui rentre dans le logique est aussitôt de même nature que ce qui est déjà dedans, dirait un observateur simplet et juste. Cette déchéance ontologique a déjà produit beaucoup de regret et d'accablement auprès de ceux qui l'ont représentée par l'inaccessibilité conceptuelle du divin, ce qui consiste en une « méta-représentation » du mode ordinaire d'effectuation matérielle du sens. À part le dieu, toute autre chose fait l'affaire. S'agirait-il d'un « ptyx ».

Ce « commençant » doit lui-même être un « commencé » et ne diffère en rien des faits de sens qui se constituent et qui en quelque sorte sont son incarnation catégorielle, et l'unique fait logique qui a lieu. De cette façon le logique se clôt en ce commencement et demeure extérieur au logique au sens de domaine de l'effectuabilité matérielle du sens, indéniable mais que sa description abroge en le convertissant en acte inchoatif qui de ce fait devient extérieur. Une sorte de transcendance opératoire, auto constituante et strictement interne à ce travail de constitution. Imaginable comme une sorte de sous-produit de la constitution du sens, ce en quoi consiste la positionnalité de toute entreprise mue par un dessein d'ontologisation de cette fonction inchoative, par voie par exemple de substantivation ou d'illustration fictionnelle. Selon une description informée par la condition protocolaire l'acte constituant retenu juste en-deçà de la terminalité est une rétraction constante du sujet relativement à sa production, et cette rétraction est strictement corrélée à la création de l'autonomie du monde relativement à son incarnation logique.

Cette rétraction est de cette façon définissable come l'espace alloué à l'acte logique constituant. Autonomie du monde créée « au fur et à mesure » et qui provient de cette rétraction inhérente à l'acte constituant. Et qui est la cause positionnelle d'une figure du sujet autonome relativement à la production du fait logique, l'un et l'autre de ces deux termes d'une dissociation n'étant séparés de l'inexistence que par peu de chose, l'acte constituant du sens, où sujet et monde participent indissociablement. Une sorte de violence illustrerait cette détermination simultanée :le monde est privé de retour au stade ontologique, et le sujet est privé par son propre acte constituant de faire le pas en plus qui le ramènerait dans le monde. Pour y parer, bien des comportements se proposent. Pour le premier cas, nous disposons des nombreuses formes de contemplation et d'extase, mystiques, magiques, esthétiques, et en ce qui concerne le sujet, tous les actes non créateurs d'appropriation du monde, quelquefois destructeurs, sont en quelque sorte des paraphrases praxiques [1] de cet empêchement.

Mais nulle passivité du sujet logique relativement au « répertoire ontologique » du logicisable n'est descriptible sans

---

[1]   Des « passage-à-l'acte ».

contradiction, car le « pas encore logique » repéré, identifié, nommé, décrit, cesse ipso facto de l'être. Ce qui est à logiciser n'est rien en dehors de l'effectivité de sa conversion catégorielle, mais son inexistence est indescriptible, et abrogée par cette conversion. Le monde hétérogène au sens commence d'exister lors de cette conversion catégorielle irréversible, et le sens ne consiste qu'en la matérialité de cette conversion. Qu'il y ait un monde est indéniable aussi longtemps que cette conversion catégoriale a lieu. Mais cette certitude est extinguible. Son extinction cependant est exclusive d'expérimentation. Le logique s'anéantira en même temps que son contexte du moins est-il contradictoire d'en statuer autrement. Il est extrêmement plausible qu'il y ait quelque chose alors, planète ou univers, mais qui ne sera pas un monde.

La chose que désigne le terme « Monde » résulte d'un équivalent de description mythique. Car l'absence du monde qui n'est plus ou pas encore logicisé n'entraîne pas la possibilité de stipuler son inexistence. En effet, cette inexistence doit être abrogée protocolairement et sans interruption, et, si on pouvait discrétiser cette continuité, on pourrait dire « à chaque fois ». L'existence et la résolution de cette condition protocolaire est la source de la représentation mythique d'un monde en dehors de l'actuation effective du sens. Monde implicite dans cette actuation comme un acte de péremption effective du passé alogique de ce qui s'est convertit en acte de sens. Ce récit implicite est également la source impérative de la possibilité du mythe relatif au monde « qui était déjà là », investi (imprégné, imbu) de sens sans acte constituant. Cette nécessité de l'acte constituant est le moule des mythes de création du monde et de toutes ses versions mineures. La cause positionnelle de cette mythologie se réduit à la résolution, monotone, assurée, mais devant s'accomplir, de l'alternative protocolaire (exclusive) : ou cet acte constituant est réel ou il n'y a aucun fait logique. La résolution radicale de cette alternative crée la possibilité d'un domaine apte à la logicisation, limité cependant à ce qui est compatible avec l'acte constituant. Ce qui ne se vérifie qu'à l'expérience. Cette sorte de mythe démiurgique résulte de ce qui n'est pas bien éloigné d'une mécanique du sens, dont la formation se restreint à ce qui est protocolairement possible, et à l'impossibilité de décrire un décalage par restriction ou par débordement entre le commencement de l'existence du logique et le commencement, pour nous, du monde.

Selon la tradition, les catégories classiques ne déterminent pas ce qui est, mais le mode dont on peut en parler, ou le biais de logicisation. Ce qui n'autorise pas à identifier un instant où la chose était encore exempte de mention, faute de prédicats (modes, accidents) référables à des catégories. Car toute ostension est pour ainsi dire constituée de prédicats et consiste en la manifestation de ces prédicats. Moyennant l'acte du sujet constituant de ce qui existe, et qui transforme l'ontologique en logique, ce qui fait qu'il soit en état d'ostension immédiatement catégorielle. Car il n'y a pas dissociation descriptible entre le fait d'être (au lieu de n'être point) et la constitution catégorielle déterminée et par ce qui est et par ce qui détermine (donc limite) le sujet. Ni dissociation temporelle ni dissociation spatiale ne sont descriptibles. Et en utilisant une fois de plus la métaphore scopique voir est constituer catégoriellement, non pas en puisant dans un répertoire inné ou acquis mais en anticipant ce qui est en cours de constitution, ce qui consiste en un acte créateur, une invention du monde. Rien ne se montre qui ne peut s'inventer. Sans que cela ne requière la présence d'une chose « en personne », présence exempte d'acte constituant, cause d'une modification irréversible. Le sujet fait l'objet, selon une anticipation fictionnelle, que l'objet soit ou non présent, et que cet anticipant soit ou non similaire à toute autre forme de son ostension, selon une autre fictionnalité, ou selon une modélisation scientifique. Faute de comparateur fiable.

Donc, en fait d'entités ontologiques le sujet ne disposerait que des formations catégorielles sous forme d'ostensions à, pour ainsi dire, traiter logiquement. Mais cette ostensionnalité provient déjà de sa participation à l'acte de conversion de l'ontologique en logique, car de rien on ne dira « cela est » ou

« cela apparaît », ou « cela se manifeste », car cela se montre, se décrit, matérialise toutes les relations symboliques qui la caractérisent et les causes dont elle est l'aboutissement, tout en caractérisant une classe taxonomique qu'elle existe ou non ou que son extension se réduise ou non à cette unique item. Une chose est un travail. Même le constitué matériel en quoi consiste une catégorialité déjà constituée est soumis à cette même clause de conversion catégorielle qui atteste en l'excluant le stade ontologique qui n'est réel que dans ce travail de conversion et de perte. La relation du sujet à lui-même consiste de la même façon en un travail constituant de ce qui existe en tant que sujet humain, corporel, travail intrinsèque au travail constituant relatif à la réalité logique (ou l'effectuabilité matérielle du sens) et, pour ainsi dire, il ne recueillera jamais le fruit de ce travail. Cela requérait un sujet en plus, et encore, affranchi de toute condition constituante. Et rétrospectivement il dépend lui-même d'une positionnalité, autrement dit d'une condition de possibilité logique réelle, même pour se livrer à la production d'identifications non énonçables, de descriptions inarticulables, de narrations contradictoires. Ce qui exclut la constitution effective d'une sorte d'identité à lui-même tel qu'il est au moment d'opérer l'actuation matérielle du sens. Ce que le sujet dit de lui consiste toujours en une délocution. Le sujet est une chose logique comme une autre, y compris pour lui-même.

Soit un mythe où toute chose, toute inscription, tout sujet, serait visible et captable, directement, sans médiation protocolaire, même réduite à une ébauche infime de geste déictique. Or, c'est exactement ce en quoi consiste la descriptibilité du mode de constitution du fait de sens, à un acte constituant près. L'immédiateté de cet acte constituant, outre son effet, qui est encore à constituer, et son inévitabilité fonctionnelle dans la formation de la chose logique a deux conséquences. Elle permet de décrire la production du sens comme l'acte de la chose même, agent de son ostensibilité catégorielle, et de définir ce en quoi consiste l'externalité du sujet, hors son acte constituant, relativement au domaine de l'effectuabilité matérielle du sens. La positionnalité de cette autonomie de l'ontologique provient de l'annulation du sujet en dehors de la constitution du fait de sens. Cela pourrait exister, mais si jamais un sujet l'apprend, cette découverte accomplit la conversion en catégorialité de cet état de choses purement ontologique. Comme d'ordinaire.

Cette re-ontologisation, ce retour à l'ontologique, est une imminence qui affecte le sujet lui-même, tout autant que toutes les formes matérielles d'existence de la catégorialité, signes et choses. L'apparence de réversibilité de cette chute en logique qui fait être pour nous, tout en le péjorant, le réel ontologique, s'applique tout autant aux choses (signes compris) qu'au sujet lui-même, dont l'exterritorialité fonctionnelle s'apparente à une forme d'autonomie et d'essentialité, en dehors de sa vertu opératoire. Et l'irréversibilité de cet actuant de l'actuation logique est la positionnalité d'une cause du sens, subjective et même personnelle, qui précèderait son propre effet. C'est de cette façon probablement que Descartes à institué la réalité de « la chose qui pense », ce qui est en même temps indéniable, car le logique doit être causé, et indescriptible, car en dehors de l'actualité de cette causation ce sujet est indésignable. Et l'isoler de la matérialité de cet acte l'annule [1].

Que quelque chose soit n'est pas discernable (« pour nous ») du fait de le dire. Et pour le dire il faut que cette inexistence soit déniée. Et cette abrogation d'inexistence consiste immédiatement et irréversiblement en un accomplissement catégoriel. Mais cette abrogation d'inexistence ontologique est en même temps abrogation d'inexistence logique. Et surtout, du sujet hétérogène à cette constitution inaugurale. Cet acte de négation d'inexistence ne donne pas accès à un existant qui serait là, avant son accréditation catégorielle. Ni à un monde constitué selon des déterminations purement ontologiques, ni à une

---

[1] On serait tenté ici de séparer la chose du signe, sauf à ne pas refuser d'admettre que toute chose, si elle est pour quelqu'un, consiste déjà en un signe et qu'être « pour quelqu'un » est synonyme d'être un signe. Ce qui vaut également pour le sujet.

catégorialité constituée et autonome, ni à un sujet dont l'existence antérieure serait dévoilée par cet acte extinctif de son inexistence. Le biais protocolaire est nécessaire, et il est le seul mode d'accessibilité pour le sujet et du monde et du fait de sens et du sujet qu'il est lui-même. En ce sens, nous n'avons ni monde, ni catégorialité, ni sujet [1]. Et cette privation englobe le produit de notre travail logique. Car que « quelque chose soit » n'est qu'une paraphrase (rétroactive et déniante) du fait que quelque chose de déterminé se constitue logiquement. Et même ce qui est de l'ordre de la catégorialité matériellement effectuée (illustrable par exemple par une inscription textuelle, ou par un banal symbole routier) requiert un acte constituant complet et semblable à tout autre acte constituant, qui constitue ce qui existe, en le convertissant en fait logique.

Pouvoir dire que toutes les choses existent, catégorialité ou pas, relève du plausible et empirique et scientifique et même d'une extrême plausibilité, mais n'en consiste pas moins en un acte positionnel, et une catégorialité imaginaire ou hallucinatoire qui matérialise cette entité que désigne le terme « toutes les choses », hors catégorisation. Mais nier que l'on puisse attester

---

[1] Nous « n'avons pas de sujet », ni celui que nous sommes ni celui incarné en tant qu'autre et qui disparaît derrière le « nous » immédiat et indissoluble, réjouissant ou abhorré, quoi qu'on fasse (et on peut en faire beaucoup, jusqu'à la possession ou le meurtre) et malgré la contemplation des monstres, des aimé(e)s, des divin(e)s à laquelle nous nous livrons pour obtenir la distinction.

de l'inexistence de toute chose sans ipso facto nier cette négation est la seule forme non indéniable d'exprimer une telle stipulation. Quelle que soit l'actuation individuée de sens (i.e. quoi qu'on dise quoi qu'on pense quoi qu'on signifie) cette négation de négation, cette abrogation protocolaire d'inexistence est effective. Donc première. Et à cause du fait que cette [non (non inexistence)] de quoi que ce soit, instaurée par le biais de la [non (non existence)] d'une chose, s'atteste. Autrement dit, s'accomplit moyennant la constitution d'une catégorialité. Et cette condition est et irréversible et devant protocolairement (« praxiquement », en moins précis) se constituer.

Cette individuation de la catégorialité relative à ce que quelque chose soit (Mallarmé [1]) requiert que quelque chose soit, et qu'elle soit strictement compatible à cette individuation catégorielle. Autrement dit, l'acte logique requiert l'existence d'un possible positionnel. Métaphoriquement, le monde parle, ou encore le monde se dit. L'invisibilité du sujet, pour lui et relativement à sa propre actuation est la source de cette illusion prosopopéique. La chose source de sens, investie de valeur magique, ou le monde des descriptions littéraires documentent abondamment cette circonstance. L'œuvre d'art est la catégorialité qui demeure au plus proche du mode d'existence de

---

[1] Divagations : *L'encrier, cristal comme une conscience, avec sa goutte, au fond, de ténèbres relative à ce que quelque chose soit.*

la chose « comme elle est » au point de consister quelquefois en une chose, ou d'être suppléée par une véritable chose « fort indifférente en Art »[1].

La descriptibilité de la non instantanéité de la matérialisation catégorielle du sens requiert la position d'un anticipant. Et s'il est descriptible, le mode d'existence de cet anticipant consiste en la connaissance que le sujet en a, dès le début. La métaphore locutive traduirait cette circonstance en disant le sujet non seulement dit ce qu'il dit, mais en le disant il dit qu'il le dit. Cette circonstance descriptive est la positionnalité d'une particule de temps, ou d'action, précédant l'acte fondateur, lequel consiste justement en l'annulation de cet intervalle qui n'existe que moyennant cet acte d'annulation. Toute impossibilité, même fondamentale, relevant de la stricte détermination inchoative ne se produit en tant que telle qu'à l'intérieur de l'acte logique constituant, exclusif de tri, de sélection et de rejet. L'indescriptibilité d'un anticipant de l'anticipant, ou d'un instant constituant vide de tout constitué qui eut précédé sa formation, identifie l'acte du sujet comme frappé d'extériorité protocolaire relativement à ce qui peut se figurer comme son produit logique. Et cette extériorité contextuelle n'est

---

[1]   Divagations — Notes sur le théâtre : *Ce sera... comme si la chose se passait, Madame ou Monsieur, chez l'un de vous avec quelque baiser très indifférent en Art, toute la Danse n'étant que de cet acte la mystérieuse interprétation sacrée.*

pas un état de choses donné, dans lequel le sujet et son actuation du sens s'insèreraient, mais l'effet du mode d'accomplissement de l'acte logique, où nul sujet n'a son mot à dire, excepté le sujet qui accomplit cet acte et uniquement en l'accomplissant. Il en va de même pour l'impossible logique. Le possible énonçable est la paraphrase contradictoire d'une impossibilité, et cette impossibilité est par ce biais immanente au possible logique. Le cas princeps qui illustre cette condition consiste en cette énonciation « je ne suis rien ». Ce qui est un constat exact, mais seulement à l'instant inassignable qui aurait précédé son émission.

Cette inexistence de sujet précédant l'acte inchoatif et pas encore inclus dans la constitution du fait logique, vierge de toute impureté catégorielle, imbu d'innocence et d'authenticité, voire d'inertie stuporeuse, péjoré ou magnifié est illustrable multiplement. Une source authentique de pensée première ou encore l'état de ce patient de Freud qui affirme ne penser à rien, alors qu'il « pense » ce qu'il est, où il est, ce qu'il voit, sa situation sur un divan en tant que patient [1]. Cette nullité est radicalement abrogée, et cette abrogation est constitutive de la contextualité

---

[1] *Il a pensé au traitement lui-même,(...), ou bien à l'aspect de la pièce où il se trouve ou encore il s'est vu obligé de penser aux objets autour de lui et de se dire qu'il est ici, couché sur un divan, toutes choses qu'il a remplacé par le mot « rien ».* (De la technique psychanalytique, PUF 1953 page 98)

intégrale qui caractérise le mode d'existence du domaine du logique. Une paraphrase négative de cette impossibilité d'annulation peut consister en des tentatives (éventuellement fictionnalisées) de « voir le vide », ou de ne rien voir, ou de voir sans dire et sans penser, s'imprégnant on ne sait comment de la présence pure d'une chose, ou encore d'adjoindre à la réalité de la chose toute la conceptualité que sa vision suscite. Ce qui peut s'entreprendre aussi sur la présence physique de quelqu'un. La positionnalité de ces impossibilités provient du fait que « le logique est dehors » plus exactement, que sa constitution consiste en un acte de transcendance immédiat et irréversible relativement à l'état de choses strictement ontologique.

Que cet état de choses strictement ontologique ne soit pas inexistant, même si sa logicisation irréversible et immédiate est le seul mode d'accessibilité consenti au sujet logique, est un fait qui suscite quelques questions. Peut-on déceler une causalité de l'ontologique relativement à l'ontologique et de décrire la figure d'une transition non médiatisée d'ontologique à ontologique ? Y a-t-il une sorte d'essence de l'ontologique, causative et non causée, qui produirait de cette façon des choses soumises à une détermination exclusivement ontologique ? Cette jonction causative passerait-elle par la médiation d'un sujet apte à neutraliser en lui toute source de perturbation catégorielle menaçant d'interférence péjorante cette libre transition de chose à chose, voire d'étant à étant, ou encore d'être à étant ? Il se pourrait que toutes ces prodiges se produisent, mais si quelqu'un en dit quelque chose, le charme se dissout. Nous voilà de retour dans l'ordre protocolaire, en train de constituer cela même qui est identifié comme le non constitué ou comme le constitué exempt de tout travail constituant. Ce jeu est le bienvenu dans les domaines de la poésie et de l'art, mais il est requis de ne pas se désister de la critique protocolaire et de la conversion de la fausseté en certitude, selon Descartes, et comme à l'ordinaire.

L'ontologique, pris au sens positif ou négatif [1], est la source de l'inconcevabilité. Certes, on ne prend pas son café dans le mot « tasse », ni dans le concept de tasse, ni dans l'image d'une tasse. Ces insanités cependant, si on les dispose selon un ordre inversé deviennent très vite des évidences protocolaires. Car l'objet que désigne « la tasse », si on le considère en dehors de toute identification est la clé de cette insanité. Et si on part de là, on ne peut plus surmonter la détermination rétroactive, qui accomplit l'impossibilité de dénégation de ce que je sais déjà au moment même où je procède à l'acte dénégatoire. Je ne peux plus me transporter au moment supposé où je ne savais pas encore que la tasse existait, pour moi, sous sa forme catégorielle, et qu'elle consistait déjà en un signifiant pleinement réalisé,

---

[1] L'assertion « rien n'existe » ou encore : « je ne suis rien », dont on connaît depuis Descartes la fécondité conceptuelle.

contenant d'un signifié et de l'attestation ontologique d'un référent, en supposant que je peux surmonter le fait que cette « paroi signifiante » ne se laisse ni percer ni franchir. Et la dénégation consiste toujours dans l'exercice de rétablir un état de chose antérieur à celui où la dénégation se produit. Car le représentant de « l'état ontologique » ou de la formation ontologique n'est jamais une « chose » telle qu'elle est en dehors de son repérage quelconque mais toujours une formation catégorielle constituée, qui est le minimum instrumental pour que quelque chose soit, pour moi. Même dire « chose » même dire « état » même dire « être », même dire « dieu » ou simplement regarder une chose ou encore plus simplement le fait qui consiste en ce qu'une chose se laisse regarder. Le terme « regarder » subsumant toutes les formes de la sensibilité. Cette instauration catégorielle de l'ontologique requiert une détermination ontologique constante, come si tout autour de l'acte logique un monde d'entités virtuellement catégorielles attendait son tour. Mais la création de cette fiction requiert une première action péjorante qui réduit l'ontologique au catégoriel. Pour l'Être l'homme est et l'inconvénient et la source. Mais cette substantivation de la chose ontologique et sa nominalisation en tant qu' « être » est une contradiction protocolaire, car cela suppose un hiatus entre le fait d'être et la catégorialité dont ce fait est affecté. Et une telle séparation est fatale au pensable.

Si pour le logique rien ne le précède qui ne soit de l'ordre du logique, ce terme désigne aussi bien l'ostensibilité d'une chose quelconque que l'effectuation matérielle de la catégorialité en quoi cette ostensibilité consiste. La chose seule, constituée par l'acte de catégorialisation consiste déjà, irréversiblement et immédiatement en cette effectuation matérielle de la catégorialité, mais il en va de même pour l'effectuation symbolique quelle qu'elle soit, qu'elle soit déictique, hallucinatoire, iconique, linguistique, modélisée, car cette effectuation matérielle requiert l'acte (voire organique et inconscient) d'un sujet. De cette façon, la génération de la chose hétérogène à la catégorialité implicite dans le fait catégoriel est elle-même une création logique, sinon cela ne serait rien, pour nous. Ce qui est peut-être le cas. Le repérage et moyennant des instruments et mathématisé d'une entité physique indécelable autrement est soumis à la même détermination que le simple regard d'un sujet réduit à la plus démunie des empiries et devant le plus ostensible des objets. De cette façon, le sens crée les choses, et les requiert pour exister. L'acte de sens est le commencement du monde, mais il n'est que cela.

II- Processus

La constitution du sens n'annule pas le réel [1]. C'est un mode d'être du réel, descriptible comme l'acte d'un sujet réduit à le convertir en fait de sens. Immédiat et irréversible, cet acte de conversion n'est pas omissible. Même l'extrême passivité empirique est une création du monde, selon la détermination protocolaire, autrement dit à travers toutes les déterminations constitutives de la réalité du sujet [2]. Qu'il y ait du réel avant cet acte heuristique est exclusif non seulement de confirmation mais également d'enquête. Et l'agent de cette fondation constituante doit lui-même se fonder, si jamais il commence d'être et si ce commencement est immanent. La causalité n'est descriptible dans cette situation que comme une causalité continue et permanente, sans précession. L'inchoativité se définit par cette impossibilité de précession, qui ne l'exempte pas de la contrainte à commencer. Aussi longtemps qu'il y ait matière à accomplir la

---

[1]   Ce terme individue un indescriptible. C'eût été, si cela pouvait se dire (ou identifier, décrire, narrer), l'entité réduite à des déterminations uniquement ontologiques. Cette indescriptibilité se traduit comme inexistence logique, mais cet inexistant existe cependant, selon sa conversion en fait de sens. C'est un inexistant seulement si on omet cette circonstance. Cette omission étant un acte logique qui accrédite ce qu'il nie.

[2]   L'acte qui consisterait à en établir un état complet ou suffisant est également l'acte d'un sujet soumis à la totalité de ses déterminants protocolaires. Sans issue.

tache de conversion catégorielle, cette requête de commencement ne s'épuisera pas, et n'épargnera pas le sujet commençant, soumis lui-même à la conversion catégorielle. Le sens, même s'il consiste en un travail constituant, se reçoit.

Et on ne peut pas décrire cette réception autrement que comme un acte constituant, et très exactement constituant de ce qui existe. Et de cette façon cet acte est l'unique objet accessible à l'enquête sur le mode de constitution du sens. Il n'est pas exagéré de stipuler que tout ce dont l'existence est ostensible consiste en une modalité de de cet acte, pour autant qu'il est descriptible. Décrire une chose consiste à décrire l'acte en lequel consiste son ostension. Cet acte constituant n'ayant pas accès à son propre fait, sauf par le biais d'une reconstitution. On ne décrit pas un « monde » exempt de détermination protocolaire. On ne voit pas le monde, on actualise une occurrence constituante. De cette façon, en simplifiant le mode descriptif, on dira qu'en regardant le monde on n'y voit que de l'humain, au sens restreint de subjéité en acte. Et il y a représentation du monde parce que le monde est représentation. Et en ce sens restreint, ce qui apparaît du monde est sa mort ontologique, en raison de laquelle le sujet existe.

De ceci résulte un état de fait, cette forme « trans-ontologique » d'existence de ce qui sans cela aurait été purement ontologique. Autrement dit l'existence du sujet actuant du sens est un fait premier, infondable et inquestionnable, et cette caractéristique restrictive (privative) provient de son mode d'exister, exclusive de la possibilité de le poser comme objet fondable et à l'existence questionnable. La résistance à cette limite provient du fait qu'elle n'est réelle qu'en acte, et que c'est le dessein même de fonder ou de questionner ce fait et les moyens mis en œuvre qui l'abrogent par contradiction protocolaire.

Ce cliquet annulant résulte de l'acte constituant et du fait de sens et du sujet logique. De cette façon, l'objet désignable comme « sujet absolu » n'est réel qu'en l'acte de son abrogation, au profit de l'actuant logique auquel, de facto, il se réduit. Cet imaginaire et imaginable [1] sujet absolu est soumis à la même détermination réductrice que l'objet imaginaire et imaginable en lequel consisterait une chose indescriptible sans contradiction protocolaire qui serait soumise uniquement à des déterminations ontologiques. Et aussi essentiel à l'effectuation réelle du sens, en tant qu'impossible spécifique ou individué, que tout autre objet dont le mode ontologique d'exister est affecté de catégorialité.

Il n'existe pas de « sujet du sujet » ou sujet à côté du sujet qui agirait sur le produit de son acte constituant. Cette « non dualité » est passible d'une paraphrase affirmative, qui stipule l'existence autonome (ou la qualification essentielle) d'un sujet

---

[1]   Imaginable par exemple en poésie.

unaire. Mais cette unéité résulte de l'acte constituant dont l'inaccomplissement ne déterminerait pas une multiplicité du sujet, mais seulement sa non existence. L'unéité du sujet provient du fait qu'il n'est rien en dehors de son actuation du sens, et que cette actuation fait être et le monde et sa propre réalité. Et que cette actuation épuise sa possibilité d'être. Son acte est compatible avec une description comme son éviction du monde « tel qu'il est » et sa relégation dans le monde de la seule catégorialité. Cette « éviction » étant aussi figurable comme une génération, l'efficience d'une matrice ontologique inaccessible, perdue, et toujours féconde. Sauf que la position d'un écart entre cette réalité ontologique matricielle et son résultat protocolaire, représentant deux modes distincts d'existence interdirait irréversiblement l'accomplissement de leur jonction. Le catégoriel est un mode d'existence de l'ontologique, mode d'existence adéquat à une description non inarticulable. S'il y a d'autres modes d'existence de ce qui relève exclusivement de déterminations ontologiques, il est certain que nous ne le savons pas.

Du fait qu'elle est immédiate et irréversible, nous sommes initialement en l'état terminal de cette conversion et péjorante et magnifiante de l'ontologique en logique. Ce qui oblige à définir le logique comme un dépassement de l'ontologique, et le mode transcendant d'existence de l'ontologique, que peut caractériser le terme « trans-ontologique ». Les fictions de la transcendance de la corporéité vers la spiritualité sont une paraphrase de cette relation, qui pèche par l'intercalation d'un écart entre les deux niveaux.

Le référent en tant que « chose ontologique » extraite du signe qui la comporte est déjà une catégorialité et un signifiant. Sauf pendant le temps que nulle catégorialité ne lui correspond, et qu'il est l'abri de toute saisie, de quelque ordre que ce soit. Autrement, on le soumet illico à la métamorphose catégorielle. Fatalité qui accable même le dieu que l'on repère d'une manière ou d'une autre, nom, émoi spécifique, oraison jaculatoire, danse rituelle, le répertoire des outils de la conversion catégorielle est illimité. C'est le dispositif protocolaire requis pour que l'ontologique ne soit pas rien.

Malgré le fait que cet anéantissement soit exclusif de description, son imminence est la cause d'une descriptibilité de la suscitation de l'acte logique, constitutif de la catégorialité, par l'image fictionnelle d'un monde qui vient commencer là où il y a un sujet. « Monde » au sens d'une entité caractérisable comme le domaine de la pure détermination ontologique, où peut se dérouler la conversion constituante du fait de sens, une sorte de réservoir ontologique où l'actuant logique puise, ou par l'avancée de laquelle il se laisse envahir, ou encore le domaine illimitable (mais s'actuant continuellement par une limitation individuée) de tout ce qui peut se logiciser. Si on admet que la cessation de cette actuation n'est compatible qu'avec sa description négative, relativement à une paraphrase qui dénierait cette impossibilité, autrement dit si la effectualité protocolaire consiste en une [non (non continuité)], l'acte constituant se décrit comme un mouvement ininterrompu, un afflux catégoriel, un flot sémantique imparable. Ce qui nous spolie du spectacle d'un monde de choses signifiantes. Le monde ne se laisse pas voir, il réduit le spectateur à sa fonction constituante. Dont son existence dépend.

III- Objet

Si on ne peut plus parler d'objet, serait-ce celui en quoi consisterait une entité catégorielle terminalement constituée la fiction prosopopéique peut être utilisée en guise de description de ce mode d'effectuation matérielle du sens, selon laquelle le sujet et le monde parlent, en même temps et sans suspension. E que ce fait même fait partie du répertoire descriptif de ce sujet énonciateur, inexistant sans ce qui se convertit en fait catégoriel, et que le terme « monde » désigne bien si on y inclut le sujet lui-même et la totalité de ses déterminations matérielles. Ce manque d'objet logique est donc réel par excès, et par impossibilité d'un écart objectivant. Ce qui n'accrédite pas la description de l'acte d'un sujet qui attendrait la constitution simultanée et du fait catégoriel et du sujet catégorisant pour en prendre connaissance, ce qui contraindrait à supposer un acte logique d'une part et d'autre part une réception du fait de sens qui en provient. S'il y a « réception » ou connaissance du fait logique, ce qui est une caractéristique essentielle de ce fait, il n'y a que réception, et cette réception est immédiate et première. L'acte constituant consiste donc en une réception immédiate et continue de son propre produit, qui consiste en une logicisation irréversible de l'ontologique. Abréviativement, on dit les choses qui se disent et celles-là seulement. Nul ne peut ne pas le faire. C'est la condition d'existence du sujet logique.

L'objet logique n'est pas passible de scrutation neutre ou objective, ca il consiste immédiatement en une « scrutation constituante » et son lien au sujet de cet acte constituant consiste en une indissociabilité réciproque. La chose logique n'est plus, lors de sa constitution, que l'item d'une taxonomie même s'il pouvait s'agir de l'indescriptible chose autonome et isolée de toute autre chose et de toute détermination objectivante autre que celle dont elle est l'aboutissement matériel. Outre avoir lieu, le fait logique est la condition inchoative de toute ostension possible, et une fondation de cette ostensibilité par le biais et de sa constitution et de l'inaboutissement de cette constitution. Inaboutissement qui ne consiste pas en une interruption, un moment logique vacant, mais en la requête d'une continuité de cette actuation locale du sens, ce qui est la positionnalité d'un monde en tant que domaine de l'effectuabilité matérielle du sens. Monde auquel on ne peut assigner ni limite ni extinction. La chose est un acte logique fondateur, constitutif de l'existence du monde en tant que condition contextuelle de cette fondation.

Ainsi le fait logique provient-il de ce dont, en s'individuant, il reporte la manifestation. Et cette virtualité immédiate existe moyennant ce report agi, autrement dit protocolaire. Par ce biais il fonde sa propre provenance, et réduit à sa seule constitution le moyen d'accès à ce domaine de l'effectuabilité matérielle du sens qui est de cette façon et constamment virtuel et constamment effectué. L'acte constituant ne fonde pas une totalité, laquelle requiert l'assignation de limites, mais la séquence immédiate et, par figure, tangentielle quant à cette effectuation. La manifestation du domaine du logique est de cette façon comparable à une scrutation aveuglante, une scotomisation fonctionnelle. Positionnalité de la curiosité intellectuelle (pouvant aboutir au trouble épistémophilique) peut-être issue par voie darwinienne de l'état de vigilance vitale à laquelle sont tenus les animaux sauvages. Ce qui est compatible avec la descriptibilité de l'acte constituant fondateur du logique, qui ne se soucie pas de ce qu'il accomplit, mais toujours de ce qui est à accomplir. De gré ou de force, car «

ce qui est à accomplir » s'impose à son travail d'élaboration créative, sans halte ni cessation.

Cette absence de ce qui peut se désigner comme « le reste » du domaine de l'effectuabilité matérielle du sens, que le terme « monde » peut désigner par figure est suscitée par l'acte même qui instaure son accessibilité. Cette accessibilité est aussi inépuisable que l'existence du sujet, mais pas davantage. Ce qui rend l'absence du reste du monde irréductible et constante. Absence fonctionnelle, qui détermine le mode de rapport du sujet logique à sa propre réalité matérielle, actuée en tant que catégorialité de la même façon que tout autre objet ostensible, et modèle de toute autre forme d'actuation du sens, autrement dit du mode de manifestation du monde. Ce qui rend lisible tout le domaine des symbolisations liées à la matérialité du monde, poétiques, artistiques, mystiques, magiques et même métapsychologiques. Sans ce filtrage, nécessaire et premier, par la catégorialité de ce qui du sujet lui-même est susceptible de catégorialité, tout symbolisme serait incompréhensible. La narration est idoine d'un sujet qui se constitue logiquement (c'est-à-dire en tant que fait de sens) et qui par surcroît, en se fondant, fonde un monde. Aussi périssable qui lui-même.

La condition logique qui détermine le mode d'être du sujet (pour lui, comme pour toutes les autres choses) est celle-là même qui conditionne et le report, et l'absence, et l'accessibilité constituante du reste du monde. Le sujet fait partie de ce grand reste, sauf s'il n'existe pas et pour lui-même et moyennant la détermination protocolaire dont il affecte les choses, immédiatement et irréversiblement. Même dans le cas trivial d'affection neurologique et de non reconnaissance partielle ou totale de son propre corps, voire de sa propre existence (syndrome de Cotard par exemple) c'est le sujet en tant qu'agent actuant du fait de sens, lequel consiste initialement (mais ce moment initial n'est pas détachable) en une ostension sensoriellement quelconque, qui requiert cet acte constituant dont il est lui-même la source. Ainsi, abréviativement, le sujet n'est pas le sujet et le monde n'est pas le monde. Plus rudimentairement, rien n'est en train d'être le sujet, rien n'est en train d'être le monde en dehors de l'acte constituant, lequel n'est jamais manquant. La positionnalité d'un sujet ou dépassant ou présupposé (transcendance progressive ou régressive) tient à la constance de cette requête de constitution, et à son inépuisabilité. Personnalisable en quelque chose comme un « moi », un « entendement », un « esprit », une « âme » et toute ce qui peut figurer dans ce répertoire nominal relatif à un manque fonctionnel et productif.

Ce manque fonctionnel est le mode d'existence de la constante virtualité de l'impossible. Et que tout soit susceptible d'actuation logique et que l'actuation logique soit monotonement descriptible comme consistant toujours en la même inchoativité (fondatrice) de la fonction protocolaire est la positionnalité des doctrines totalisantes, qui instituent une identité entre le constitué actuel et le constituable virtuel dont la constituabilité est traduite en état de constitué terminalement abouti, « là-bas » où se trouve le réel. Et ces choses-là ne sont pas inexistantes, elles sont réelles à un acte constituant près, qui supporte bien la description comme logicisation d'une entité impossible. Annuler (inexister, en tant que verbe transitif) ce reste virtuel de l'acte logique, imaginable comme étant situé et avant et au-delà de cet acte est une impossibilité protocolaire, donc indescriptible, car il n'est pas évitable de constituer ce qui s'annule. Cette circonstance pratique et triviale produit l'immanence jusque de l'impossible logique, autrement dit la catégorialité propre à des entités définies comme terminalement constituées, et exemptes de l'acte constituant. Dieux, anges, fétiches, chimères de toute sorte inventables à loisir.

Il suffit de puiser dans l'au-delà de cette fondation protocolaire, encore en état de stase ontologique, et d'occulter en le neutralisant cet acte de capture, qui ne précède pas la réception, mais la redécrit après-coup. Et cette réception est une sorte de sacrifice de l'ontologique, en tant que qualité des entités investies de sens et préservées de catégorialité, que leur ostension spolie de cette qualité. Qui n'existe pas en dehors de ce sacrifice catégoriel. Le mode d'existence de la chose quelconque consiste en cet acte de réception constituante. Selon la métaphore scopique, voir une chose consiste à en constituer la catégorialité et cet acte de constitution ne peut pas aboutir à un achèvement terminal. Ce qui sauvegarde le reste, en tant que monde virtuellement logique. De cette façon, il est licite de dire que l'existence du monde consiste en ce traumatisme ontologique ininterrompu. En résumé, le monde est un acte. Et s'il existe, il doit commencer d'exister, et son existence ne déborde pas de ce commencement, et ne s'y enferme pas, car le commencement est et demeure un dépassement, une irréductible transcendance praxique constituante.

Et pourtant, des choses sont représentables et nommables, des signifiants iconiques ou scripturaux s'étalent devant nos yeux passifs ou scrutateurs. La science opère sur des objets, minéraux, spécimens animaux, astres, textes, équations mathématiques ostensibles et terminalement constitués, à la portée du studieux ou de l'expérimentateur. L'empirie raisonnable le statue. La vérité de cet indescriptible consiste en ceci que seul ce qui est se constitue, mais ne survit pas à la cessation de cet acte constituant. Que quelque chose soit hors toute actualisation logique est une plausibilité, raisonnable ou extrême, selon la rigueur de l'acte qui l'éprouve, mais cela consiste en un fait indéniable seulement par le moyen de son actualisation pratique. Même si le mode de la catégorialité mis en œuvre est loin de la rigueur scientifique. C'est un fait d'observation que le soleil se déplace d'est en ouest, ou même qu'un Dieu solaire accomplit chaque jour ce solennel voyage. Fictionnel, mystique, empirique, cultivé, scientifique, ce mode de catégorialité consiste toujours en l'aboutissement d'une conversion et en une abrogation du statut purement ontologique d'un soleil, par exemple, lequel, réduit à des déterminations uniquement ontologiques, ne pourrait même pas avoir eu un nom. Succinctement, on pourrait dire que ce qui est est là. Recevez-le ou allez le chercher. Et alors cela se métamorphose à l'instant en acte constituant. Et si, en utilisant le terme « choses » pour indiquer ce qui est ou en cours de catégorisation ou en attente de catégorisation, on ne peut attester qu'elles sont là sans passer par la question de la descriptibilité de cette stase. Et sans accréditer par cette attestation même l'indissolubilité de leur existence et de l'ostension (ou signe phénoménal) qui est déjà de l'ordre de la catégorialité et consiste en un acte constituant, soumis à la totale détermination protocolaire.

Le domaine de l'effectuabilité matérielle du sens existe relativement à son actuation protocolaire. Et ceci consiste en une limite praxique mais absolue, aussi longtemps qu'il existe un sujet humain. Cette limite est la positionnalité de l'entité et exclusive de descriptibilité et non anéantissable, car elle existe dans l'acte même qui consiste en son abrogation, entité qui se définirait contradictoirement comme le domaine du réel non logique, autrement dit de l'existence de choses qui en même temps sont de l'ordre du sens et affranchies de toute actuation humaine. Ce qui requiert la création d'un sujet logique compatible avec l'existence de telle entités, autrement dit totalement exempté d'acte constituant ou de quelque forme que ce soit d'actuation de cette absolue virtualité de sens, qui ne porterait pas atteinte à l'existence de choses en même temps logique et à l'abri de toute péjoration protocolaire. Le plus souvent cela est identifié comme le savoir d'un dieu. Lecture exacte de la constante virtualité de non existence du sujet constituant, et de la fondamentalité de cette constitution, qui ne génère pas ce qui lui succède comme effet, résultat, conséquence, mais qui consiste en ce qu'il fonde. En ce sens, seul le fondé fonde, et la quête de l'infondé qui causerait l'existence logique du fondé ne réfère que la non existence de ce fondé en dehors de l'acte de fondation constituante. Le travail taxonomique en quoi consiste l'ostension du monde n'est pas abouti et ne semble pas susceptible d'aboutissement. Ni de suspension, aussi longtemps (mais pas plus) qu'il y aura quelque humain.

63ième proposition
La jonction
Les choses se désignent entre deux disparitions.

I- État

L'inchoativité est hanté par un double spectre issu du monde de l'inconçu, assorti de tout ce qu'une ostension requiert, repérage, désignation, narration. Car quel sujet peut-il repérer un commencement de ce dont il est et le support pragmatique (protocolaire selon les déterminations contextuelles dont est affectée cette faculté pragmatique) et le produit de l'effet constituant qui lui est imputable ? Cette action requiert un autre sujet, non constituant et non constitué, et une sorte de bord du sens offert au franchissement initial, vers un domaine du sens spontanément constitué. Ce serait là un acte extérieur assignable à un agent différent de l'humain, qui est captif de cette détermination protocolaire, et qui serait exempté de mise en œuvre de quelque moyen efficient que ce soit. Quoi qu'il en soit, nous manquerons toujours de source idoine apte à nous rapporter le déroulement de ces prodiges. Et cette privation, quoi que nous fassions pour la surmonter, par voie de création poétique ou de production hallucinatoire, nous oblige à constater que l'effectuation du sens a lieu à l'intérieur du sens, l'unique sens dont l'effectuation matérielle aura eu lieu.

Le fait d'avoir lieu est ce en quoi consiste l'inchoativité. Et dans le domaine du logique rien n'est postulable indépendamment de son effectuation. De cette façon non seulement anticiper est effectuer, mais toute effectuation est initialement anticipation, sauf à imaginer une entité logique qui pourrait se constituer par une sorte de transition entre son inexistence et son existence, auquel cas un agent producteur de cette transition serait requis, qui consisterait en un sujet constituant d'un néant logique, et capable d'en façonner un fait logique. Par le biais sans doute et de sa mort et de sa déification. Cette impossibilité oblige à stipuler que, logique d'emblée, l'ostension phénoménale quelconque consiste immédiatement et sans dépassement concevable en un anticipant, provenant, sans autre transition que l'acte constituant du sujet, de la totalité de son passé, dont il constitue l'actuation. Tout ce qui peut s'effectuer, en tant que réalité logique (constitutive de sens) provient de cette inexistence d'un sujet compatible avec la possibilité de précéder son acte, tout autant qu'à le dépasser vers un au-delà non protocolaire.

Et cette inexistence est un acte logique en ce sens que le

mode d'existence du logique n'est pas une stase, une constellation de règles fixes agissant à distance, ce qui serait exclusif de descriptibilité, mais l'effet d'un acte qui est ininterrompu parce qu'il suscite lui-même sa propre persistance par l'effet de son propre inaboutissement. Car même l'inexistence du sujet est empêchée par l'acte constituant dont il est l'origine et la cause, et cet empêchement détermine la totalité [1] de ce en quoi le sujet consiste. De cette façon, le sujet n'existe pas sans acte constituant, il contredit protocolairement sa propre inexistence, même si cela a lieu seulement aussi longtemps que son acte se produit. Ce qui entraîne le même mode d'être pour toute effectuation matérielle du sens, consistant en une abrogation totale et autoritaire de son inexistence virtuelle. Cette articulation constituante en quoi consiste l'acte du sujet n'est rien en elle-même, elle se décrit exactement comme son produit, le domaine non circonscrit du possible logique. Ce qui consiste en une centralité mécanique de tout fait de sens en cours de constitution, comme étant toujours le même, par impossibilité de dédoublement, et au même endroit, par la contrainte absolue de localité. Articulation centrale constituante, productrice du déterminisme après-coup, qui est irréductible et inabrogeable.

---

[1] Ni assignable ni postulable mais non déniable

Mais uniquement après-coup.

Ce qui commence, du fait que cela commence (et pas avant ni après, selon ce que l'on peut en savoir) est nécessairement compatible avec la totalité des détermination contextuelles, constitutives et du sujet et du domaine matériel virtuellement logicisable où a lieu l'actuation matérielle du sens. Ce cliquet inchoatif a son pendant dénégatoire, la permanence du réel en tant que fait de sens terminalement constitué et offert à a libre scrutation, et la cause positionnelle de ce comportement dénégatif est la non discontinuité de la causation protocolaire. Tout se passe comme si cette résolution inchoative était élidable. Sauf que la scrutation du constitué consiste en une constitution, unique et centrale relativement à tout le réel logique actualisable, autant passé qu'à venir. C'est même le mode ordinaire de constitution du fait logique. Trivialement mais non sans justesse l'expression « rien ne sera avant qu'une chose ne soit » illustrerait bien cette condition. En ce sens, une postulation anticipatrice est réduite à ce qui peut être, et son effectuation est la cause de cette restriction. Même en image, même l'impossible , même l'absurde ne peut être ce que l'on veut, la condition protocolaire n'épargne aucune formation logique. Poésie, mystique, empirie banale sont admis à créer de l'imaginaire, à façonner de l'impossible et même à engendrer l'absurde. Mais tout cela demeure lisible.

La centralité de l'effectuation logique n'est pas descriptible comme un fait ajouté au domaine du logique effectuable. Même incarnée par l'image d'un vide, d'une lacune, d'une capsule germinale, voire d'une glande pinéale incorporelle, cette articulation constituante n'est pas discernable de sa détermination contextuelle, même celle que l'on doit décrire comme immédiate, la chose présente en son ostensibilité signifiante, et qui, retenue dans le processus de sa propre constitution, comporte en elle-même la totalité des déterminations contextuelles, y compris celles qui ont trait à la durée. Isoler un fait logique de son étendue contextuelle n'est accomplissable que par son anéantissement, qui entraîne l'anéantissement de tout logique. La possibilité positionnelle de cet anéantissement consiste en cette façon d'exister du fait de sens, nullement par une sorte de surrection inexplicable mais par négation agie de son inexistence. Cette inexistence, indéniable même si elle n'est réelle que sous la forme de son abrogation protocolaire, permet des analogons de la manière permanente de constitution du fait logique quelconque, mais magnifiés, dans le cas par exemple d'une œuvre d'art qui reconstruit une réalité par le biais de la séparation d'avec le réel, ou banalisés, par l'investissement fétichiste des collectionneurs d'objets, ou des cruciverbistes qui jouent sur l'art de susciter l'existence d'un mot absent. Ce qui est l'ordre des choses ordinaire du logique. L'objet est impossible. Nous sommes les producteurs et de l'objet et de son impossibilité.

Or, la chose ne nous attend pas, pour être, et sa pertinence n'est réelle, pour nous, qu'après coup. Et cet après-coup ne peut pas consister en une simple scrutation, car voir est constituer, et cette condition est abrogative relativement à la possibilité d'une constitution d'une chose dont la réalisation aurait été et ponctuelle et instantanée. Cette invisibilité protocolaire réduit l'attestation de possible à l'épreuve de la descriptibilité. Ce qui requiert un écart entre l'accomplissement actuel et l'expression d'une connaissance du fait logique accomplit. Ce qui condamne le sujet à la délocution, relativement à son actuation du sens. Le « je » de l'expression « je dis... » ne <u>dit</u> pas, il rapporte le fait qu'il a dit. Je ne dis pas, je dis qu'il a dit, ce « il », dénotant le « je » qui a dit, ou le « je » au sujet duquel je peux énoncer : le « je » que je suis a dit, ou « je suis celui qui a dit ». Cet état de témoignage délocutoire provenant du sujet et le visant lui-même requiert donc une preuve ou donne lieu à une requête de preuve (le cas *cogito* est ici rappelé, bien entendu, mais redit selon la modalité délocutoire). Il va de même pour l'allocutaire qui affirme « tel sujet a dit telle chose ». Même ce que je dis, c'est toujours l'autre qui dit. « Dire » pouvant signifier des formes d'ostension signifiante plus simples que le langage verbal, par exemple la simple l'ostension, le geste déictique, le délire, l'hallucination, le rêve. Une sorte de contextualité généralisée qui rend inaccessible ce noyau constituant du monde, l'acte logique actuel. Dont la nécessité est indéniable selon l'épreuve par le défaut : qu'en serait-il si ce noyau constituant n'existait pas ? D'où connaîtrait-on l'existence du sens ? Donc, et par voie de double négation, « il n'y a que chose » se dirait : [non (non chose)]. Mais la chose est inaccessible car elle doit être constituée pour devenir accessible, et alors cette accessibilité consiste en un acte constituant. Selon cette descriptibilité, le sujet est une réalité contextuelle, il est frappé d'extériorité relativement à l'actualité stricte de son actuation du sens. Tout autant que le monde, exclusif de saisie car devant consister en une constitution de sens. Sauf pendant le temps que tout cela, monde et sujet, n'est pas « pensé », autrement dit aussi longtemps que tout cela ne consiste pas en une effectuation matérielle de sens. Aussi longtemps que nul n'en peut rien savoir.

Et pourtant, une actuation du sens se déroulant en dehors de toute forme d'ostension, et ne consistant pas lui-même en un fait logique n'est pas descriptible. L'individuation de cet état d'effectuabilité logique, constant et ne pouvant pas être suspendu est la condition de possibilité de toute réalité logique autre que celle actuellement en cours de constitution. Et si l'étendue de cette réalité extérieure à l'acte logique, le précédant, lui succédant ou l'entourant, était indéfinie, la localité de cet acte correspondrait ipso facto au centre de cette étendue. C'est l'unique figure non contradictoire de l'emplacement de l'inchoativité. Faire acte de sens consiste toujours en une inclusion. De cette façon, le possible logique intégral est soumis à une constante suspension protocolaire, matérialisée par un découpage individué. Suspension toujours en état d'annulation, par l'effet de cet acte constituant central. Qui ne consiste qu'en cette annulation de la suspension de la contextualité. Même son propre fait, exclusif de ponctualité ou de terminalité, se réduit à ce pivot inchoatif [1] d'un état de choses qui l'inclut.

En guise d'illustration, nullement argumentative, il en va pour ce point protocolaire comme pour le point sur la ligne, réalité formelle indéniable mais nulle en dehors de la ligne, et aussi bien que pour l'unité indivisible de l'étendue linéaire qui paralyse Achille, dotée d'une réalité exclusivement contextuelle. Cette réduction au contextuel ne résulte pas de l'application d'un principe, ni d'une observation neutre, elle est réelle seulement lors de la réduction du possible à l'actuation protocolaire, qui ne fait être que ce qui peut être en fonction de ce qui existe déjà. Comme si de rien n'était. À la façon de l'expression formelle d'une équivalence quelconque, ($p \equiv p$, $p.p \equiv p$, $\sim\sim a \equiv a$, etc.) qui

---

[1]   Par parodie poétisante, on pourrait le nommer « l'âme du sens ».

figure et un acte logique et sa nullité, mais qui consiste également en une narration du mode d'accomplissement de l'identité, et la description minimale de l'ostension. Plus simple et plus primitive que la description fonctionnelle : f(x), « f » signifiant « être identique à soi». La nullité de cet acte irréductiblement inchoatif provient du fait que, selon le critère de descriptibilité, rien ne peut se passer autrement et sans cette articulation constituante ponctuelle. Comme par l'effet d'un automatisme ou d'un dessein transcendant, qui sont ses paraphrases dénégatives [1].

La nécessité protocolaire n'agît pas en amont de son effet. Je ne peux pas faire que je ne dise pas « je ne suis rien » au moment où je le dis, prévois de le dire, ou « conçois en mon esprit » : je dis que je n'ai pas pu le dire mais seulement après-coup, et au sujet d'un locuteur autre que moi, un délocuté, le délocuté que je suis. La simple ostension non verbale est affectée de la même restriction, pour autant qu'elle consiste déjà en une énonciation, sous forme au moins d'attestation ontologique, d'identification, de description et de narration. Le sujet énonciateur n'est pas localisable dans un moment sis dans l'au-delà de l'objet de l'énonciation, mais il est coexistant en tant qu'extérieur à la réalité logique, qui contextualise son acte

---

[1] Faire mention de la nécessité protocolaire est un truisme, la dissimuler est un désastre.

inchoatif, ce contextualisant comportant toute la réalité matérielle qui le constitue lui-même et cette extériorité n'est pas réductible [1], car l'acte constituant du sens la produit et l'immanentise.

Faire le vide autour de l'entité logique (une ostension sensible, un lemme, une formule tautologique) réduirait cet écart et la rendrait accessible à une saisie purement présente, exempte de trouble contextuel. Et dans l'ordre de cette neutralisation de la condition contextuelle, en exclure la corporéité contribuerait à obtenir cet effet. Mais cette opération requerrait un aboutissement terminal de la constitution de ce fait logique et un moment même infime ou encore moins de mort logique du sujet, affranchi de sa fonction constituante. Une telle situation est exclusive et d'énonciation, de description et de narration qui ne seraient protocolairement contradictoires et de cette façon auto-annulantes. Le fait logique ne consiste pas en un objet délinéable ou formellement constructible, exempt de sujet, mais en la matérialité du déroulement de l'action d'une articulation constituante moyennant laquelle existe tout le logique qui existe. Même sous l'apparence d'un fait fragmentaire ajouté. Cette

---

[1] C'est en quoi consiste la positionnalité des tentatives dévolues à la réduction de cette extériorité, pratiques du silence, écriture automatique, proférations médiumniques, art corporel (exhibition du corps de l'artiste, nu, tatoué, lacéré, ou soumis au scalpel de la chirurgie esthétique, par exemple).

analycité [1] provient de la nécessité d'actuation effective, unique et ininterrompue, condition de possibilité contingente et périssable à l'existence d'un sens soumis à la nécessité inchoative.

On peut songer à ce qu'il en est du sens en dehors de cette rupture d'inexistence radicalement contingente, réduite à une nécessité et immanente et périssable. Un « monde » entourerait cette particule atomique et fragmentaire d'actuation du sens en tant que contexte primitif et naturel. Ce qui aurait suscité une reproduction de la logophanie biblique, le « que ce soit », mais imputable au sujet humain. Non pas proféré dans le grand brouillard premier, mais dans un monde objectif, une réalité phénoménale exempte de catégorialité ou bien investie d'une catégorialité essentielle, intrinsèque, propre à un fait multiplement nommable [2]. Si entre « monde » et « domaine de l'effectuabilité matérielle du sens » il y a une stricte synonymie, nulle observation ne peut l'établir, car on ne scrutera jamais les deux côtés de la comparaison. La conversion catégorielle est irréversible et immédiate, depuis le plus infime degré d'ostensibilité que l'on pourra repérer, en raison de la condition protocolaire, selon laquelle « observer » d'une manière ou d'un

---

[1]   Analycité contrariée par le fait que la constitution du fait logique n'atteint pas sa complétude terminale

[2]   Monde, réel, phusis, phénoménalité objective, étant, et tous les autres fruits de la paraphrase de l'indésignable que l'on voudra.

autre le pré-catégoriel, consiste en une conversion catégorielle. Si par jeu on se mettait à imaginer une régression infiniment petite relative à cette irréversibilité, il est certain qu'on en atteindrait une réalité réduite à la détermination purement ontologique, et de là on atteindrait l'Être, et, en allant plus loin dans l'indicible (car même l'Être se dit) on serait enfin parvenu à Dieu, autrement dit à la nulle catégorialité, à ce (ou « celui ») qui ne se dit pas. Le cliquet protocolaire nous en préserve, et, pour certains, nous en prive.

N'importe quoi nous en spolie. Tout fait fonction d'articulation médiane constitutive de la contextualité qui remplace l'effet de l'actuation individuée du sens. Et, sauf si on peut énoncer l'inexistence de sens, même à titre d'interruption circonscrite, ce n'importe quoi n'est jamais absent. Et cette insistance de la contextualisation produit la centralité inamovible de cette actuation. N'importe quoi est l'ombilic du sens, dirait un amateur de poétisation. Plus mécaniquement, relativement à la possibilité de description non inarticulable, la jonction séquentielle de l'effectivité logique à sa constitution est une occurrence soumise à la détermination protocolaire, autrement dit, autre chose qu'un événement, une praxie mais à laquelle participe toute la détermination contextuelle réelle, outre un sujet, qui est lui-même, en sa matérialité, un facteur contextuel déterminant. Si cette jonction constituante qui, étant inévitable, apparaît comme ommissible dans l'acte de description, est une nécessité (causée par ce fait, indéniable en sa trivialité, qu'il n'y a pas de sens sans acte du sujet) elle est la cause de cette clause coercitive qui nous impose d'exclure la possibilité d'une non unéité du logique, qui se crée au fur et à mesure, mais qui ne peut pas ne pas se créer. Et, en ce sens, elle est postulable (par double négation) et non observable.

De cette façon, l'inchoativité correspond au zérotage fonctionnel de la séquence constituante du fait de sens, non pas comme production d'un élément détachable, mais comme la restauration continue de l'unéité du domaine du logique, ou de l'effectuabilité matérielle du sens. Par une sorte de scotomisation de ce noyau créateur, le sujet apparaît ainsi comme encerclé par le domaine du sens effectuable, et cette illusion obsidionale est la cause positionnelle de la vision du monde apte à la conversion catégorielle. En quelque sorte, c'est la source de la fiction du monde créé, support de la recherche du créateur non créé. Mais en toute cette production, mythique, poétique, fictionnelle, un acte constituant est requis pour celui qui veut en savoir quelque chose et le rapporter. Même s'il s'agît de poser sa propre inexistence, et de l'exploration de ce qui s'ensuit de ce « néant fonctionnel » qui serait le noyau de la constitution autonome du sens. Autrement dit, l'énoncé magique en quoi aurait consisté l'énonciation « je ne suis rien », pendant le temps que sa contradiction protocolaire intrinsèque n'aurait pas été décelée [1].

Instituer le réel logique consiste donc en une forme de perte du monde, réitérée, mais consistant en la seule manière pour le monde d'être une réalité (pour nous), autrement dit une réalité logique. Cette perte est un acte constituant local, individué et articulant, et la persistance de ce qui est perdu. La dépendance de la contextualité relativement à l'acte constituant individué est la cause positionnelle de toute entreprise mue par le dessein de sa neutralisant en vue de la constitution d'un objet catégoriel exempt de toute autre détermination que celle qui est intrinsèque à son individuation. Source de tous nos fétichismes du quotidien, et de l'investissement numineux d'objets y compris des entités lexicales, même triviaux, qui deviennent par ce biais sacrés et rituels. La raison de cet indescriptible est fondée en cette circonstance pratique et mécanique que le contextuel existe moyennant cet acte d'individuation du possible logique en général. Aussi trivial que de dire « sans le logique il n'y a pas de logique », et cependant passible de dénégation. Mais actuant la possibilité constante de n'être rien.

En utilisant l'artifice de la prosopopée, on peut imaginer le fait constituant actuel du sens comme produit par le contexte. Cette transformation en agent causatif de ce qui requiert un acte

---

[1]   Et pourtant, nous l'avons appris par Descartes depuis 1641.

nucléaire pour devenir ce qu'il est, ou pour que ce qu'il est existe dans le domaine de l'effectuation du sens, provient du fait que cette situation constituante ne s'ajoute pas à la réalité du logique mais n'est que l'effectualité de la nécessité inchoative, qui inclut le sujet lui-même. Nécessité strictement immanente, qui meurt avec ce qu'elle nécessite, mais pas avant. Et en déroulant la métaphore prosopopéique c'est en produisant le fait contextualisé que le monde contextuelle s'engendre lui-même en tant qu'entité compatible avec l'effectuation matérielle du sens, ou entité logique. Et cette corrélation consiste en une clôture unique, monotone et indissoluble. En le disant plus rudement, ce don fragmentaire de réalité de sens et le manque complémentaire qu'il suscite est non seulement l'unique réalité du fait logique et l'unique réalité du monde logique, mais aussi, pour le sujet logique, le seul mode d'existence et d'inclusion dans le monde et l'obstacle irréductible à l'aboutissement terminal de cette inclusion.

Obstacle en raison de la stricte simultanéité de la constitution locale et individuée de la chose logique et la position d'un domaine d'effectuabilité matérielle du sens, « monde » en mode abréviatif. Selon une fiction scopique, cet acte constituant dresse une taie sur la pure manifestation du réel contextuel, une tache aveugle, un scotome. Qui n'ôte rien à la disponibilité illimitée de ce domaine de l'effectuabilité matérielle du sens, toujours passible d'actualisation catégorielle, et toujours et constitué et occulté par cette actualisation restreinte. Cela ne manque jamais, on y va quand on veut, mais cet acte d'y aller diffère l'arrivée. Assomption constituante et perte sont le mode constant d'existence de cette réalité contextuelle, ou plus succinctement, « le monde ». Si l'acte constituant empêche en la reportant l'accès direct à la réalité contextuelle, il consiste en l'unique manifestation logique de ce contexte. Circonstance intrinsèque à l'inaboutissement de l'acte constituant, empêché par son propre fait de faire place à une situation indescriptible (sans contradiction protocolaire) selon laquelle quelque chose comme un sujet purement observateur pourrait, sans le constituer, opérer une saisie (exclusive de narration) de cet objet logique terminalement constitué. Sujet indescriptible empêché d'exister par peu de chose, la simple existence du sens qui pourrait ne pas exister, ne serait-ce qu'un instant infime. Tel n'est pas le cas. L'accessibilité du monde (terme abréviatif pour « situation contextuelle » ou « domaine de l'effectuabilité matérielle du sens ») provient donc non pas de la puissance projective d'un sujet, mais d'une très féconde insuffisance de sa capacité constituante.

Et de l'impossibilité d'esquiver son acte créateur, même relativement à ce qui existe déjà, existence prouvée par son ostension. Circonstance qui s'exprime par une double négation [non (non constitution)] qui n'autorise pas à glisser par voie de paraphrase contradictoire vers la position d'une faculté ou d'un pouvoir constituant [1] positivement identifiable. Sous leur forme formelle, une tautologie est aussi indéniable que vaine, sauf pour simplifier l'écriture des calculs. Si une équivalence lie 'a' et 'b' cela permet comme on sait le libre remplacement de l'un par l'autre selon la convenance des calculs. Mais une tautologique protocolaire n'est pas une mise en rapport de deux termes équivalents, c'est la négation d'une contradiction protocolaire, portant sur la réalité logique de cette contradiction en dehors de l'acte d'annulation, et ce lien de contradiction à tautologie est exclusif de commutativité. « Je suis » est dépourvu de sens sans la contradiction protocolaire effectuée « je ne suis rien » et en résulte irréversiblement.

Est-ce cependant possible de considérer le sujet sans monde, le monde sans sujet, le sens sans sujet, le sens sans monde ? Si cela se pouvait, les restrictions protocolaires seraient omissibles. Mais l'acte de considérer un sujet sans monde est considérer ce sujet comme un fait du monde, exempt de la qualité de sujet. L'acte de considérer le monde sans sujet est l'acte d'un sujet, considérer le sens sans monde requiert un analogon de

---

[1]   Une « vertu », un principe, une sorte de phlogistique, la vertu dormitive attribuée à l'opium [1], ou la vertu aurifique de la pierre philosophale.

monde, même dénégatif, et considérer le sens sans sujet est un acte de constitution de sens imputable à un sujet. Le cliquet protocolaire est aussi impératif que le cliquet ontologique. L'exclusion protocolaire d'une halte, point de départ pour la production du fait logique, et de toutes ses déterminations rend indescriptible un objet comme « la position quelconque ». Une position est déjà ostension, et par conséquent travail constituant individué et de ce fait identifié non pas comme une surrection ab nihilo, mais comme conversion d'un fait déjà là, provenant du monde, relativement auquel la constitution est un travail de reconnaissance. Concisément, n'est catégorisable que ce qui est, et, de ce qui est, rien n'est exclusif de catégorialité. L'expression juste étant non pas « est catégorisable » mais « était catégorisable ». Le mode d'existence logique du monde est donc descriptible comme une conversion inchoative, immédiate et irréversible.

L'entité logique que désigne le terme « position quelconque » n'est qu'une imminence constante, relative à la périssabilité constante et du sujet et du fait logique. Cette imminence, comme toute autre chose, est catégorisable, ce qui justifie le fait que l'impossible se désigne. Le mode d'existence de cette périssabilité consistant en le fait que le réel logique doit consister en un acte, et que, rien n'existant avant cet acte, il est toujours inchoatif. Ce rien, en dehors de l'acte constituant est également passible de catégorialité, même contradictoire. Par exemple la fiction du monde créé, imbu de sens en raison des caractéristiques de son créateur. L'acte catégoriel créateur convertit ce domaine et de la virtualité logique et de la virtualité de son inexistence en acte constituant individué, dont l'inaboutissement restaure la permanence d'un domaine contextuel apte à la catégorialité. Fictionnellement, le monde nous octroie un échec moyennant lequel son accessibilité se restaure. Et cet échec constituant est la positionnalité d'une paraphrase radicale qui transforme cet échec, circonstancié et agi, et simple inexistence, au profit d'un monde qui serait logique par lui-même ou par l'effet d'une déité omnisciente ou encore soumis, triomphalement, à des déterminations purement ontologiques.

Ces constats ne sont pas l'effet d'une perspicacité et introspective et objective, mais l'effet d'une impossibilité accréditée en tant que telle par son effectuation logique. Ce déni d'impossible n'étant pas d'ordre nomologique, mais expérimentale, autrement dit résultant de son effectuation catégorielle, ce en quoi consiste la nécessité protocolaire, qui mérite également d'être identifiée par le terme « empirie critique », et qui s'exprime par la formule de la double négation : [non (non possible)]. Ce « non possible » étant toujours individué, sous forme de paraphrase dénégative d'un possible impératif. L'apparente irréalité de cette impossible, source contradictoire de la tautologie protocolaire, provient du fait que, en dehors de l'actuation en cours, tout est impossible, et cet encerclement par une sorte de réservoir d'impossible n'existe que lors du travail constituant qui en opère la conversion en catégorialité réelle. La condition du sujet logique consiste ainsi à créer du sens en contredisant par son acte même son inexistence individuée. Reconstituable par le biais d'une fiction rétroactive, d'une simulation mnémonique, ou d'une fiction anticipatrice qui assume (ou dissimule) sa non effectualité.

Ce qui produit l'image d'un sujet capable de puiser dans un dépôt d'entités constitutives d'un fait de sens, un vivier logique pour ainsi dire. Or le mode d'existence du domaine du sens effectuable ne se pose que par voie de non contradiction, non traduisible en caractères essentiels, ni en réalisme d'une législation structurale. Les limites du champ non plus ne sont ni assignables ni observables car la métaphore spatiale, non protocolaire, produit l'image d'un état de choses indescriptible sans contradiction, et consiste autrement dit en une description inarticulable. Ce domaine n'existe qu'au coup par coup [1], lors de l'effectuation individuée du sens, et sa persistance consiste uniquement en la nécessité de non suspension de la création

---

[1]   À cette réserve près que seul de dernier coup, le dernier en date, est réel.

catégorielle, créativité indissociable du mode de manifestation du monde [1]. Que le fait logique actuellement en voie de constitution réfère un monde (ou domaine de l'effectuabilité du sens) provient de son inaboutissement, aux deux extrémités pour ainsi dire, commencement et terme. Par nécessité protocolaire, le sens se constitue à mi-chemin, il est en cours de route. C'est la cause positionnelle de toutes les fantaisies qui illustrent les desseins téléologiques.

Desseins téléologiques contrariés par une butée accidentelle et occurrente, donc annulable, qui consiste en leur propre constitution ou en l'acte constituant qui la définit. Cette butée est inaugurale, même nantie d'un passé (actualisé) et d'un futur (en cours d'actualisation) en ce sens que son effectualité est strictement coextensive matériellement et chronologiquement à la formation du fait logique interruptif de la transcendance non constituante, quel qu'il soit, même celui commis spécifiquement à forcer cette barrière protocolaire, comme par exemple la désignation d'entités exclusives de constitution catégorielle qui illustreraient une sorte de « dépassement des limites du langage

---

[1]   Qu'il existe (ou que l'on puisse poser) un fait (saisissable, perceptible, repérable, désignable, descriptible, dont la manifestation est narrable) hétérogène à la nature de ce domaine de l'effectuabilité matérielle du sens est peut-être réel mais inarticulable « pour moi ». Ce en quoi consiste le fait qu'il y a un champ du possible logique délimité par cette impuissance. Par cette restriction protocolaire, dont l'effectualité est privative.

humain et de la possibilité de désigner en propre». Inventables ad libitum. Cet interdit factuel est identifiable comme une restriction protocolaire, mais également comme une faculté protocolaire, une « vertu » imputable au sujet (humain par redondance), une puissance logique. Irruptive relativement à un état de choses qui existerait, et qui aurait une réalité logique autonome et indépendante de l'acte constituant individué. Cet inexistant que l'acte logique rend actuel en l'impossibilisant est le mode d'être d'une contextualité dépourvue d'un contextualisant susceptible de description isolée. En bref, le monde manque.

Le sujet lui-même ne cesse pas de contrarier sa propre disparition, quel que soit son gré et son aptitude. Et cette cessation n'est jamais instaurée comme un état de choses stable et durable. Pourquoi en est-il ainsi, et pourquoi le simple discernement instinctuel et vital n'a pas été le lot des êtres humains, c'est une question propre à toute sorte d'enquêtes scientifiques, et à toute sorte d'inventions poétiques, mystiques, de l'ordre de la créativité empirique, et interdite à la simple spéculation fidèle à sa pauvreté essentielle, et qui ne traite que de ce qui est, selon la compatibilité avec la possibilité d'identifier, désigner, décrire et narrer sans contradiction protocolaire. La certitude en ce domaine est apophatique, et du sujet on ne peut stipuler que des caractéristiques négatives, des attributs privatifs, des impossibilités constituantes. L'imminence d'analycité de l'acte constituant provient de l'impossibilité d'une prolongation autonome, ou soutenue par la fixité d'un contenu catégoriel, de l'existence logique du sujet. Et la dissociation de cette actuation constamment réactivée comme une permanente et toujours unique première fois est due au fait que ce sujet ne peut pas être, pour lui-même, en en lui-même, un objet d'observation, même sous l'effet d'une extrême perspicacité introspective. Il consiste en la constitution de son objet, et même si cet objet était singulier, fixe, nanti d'une durée intrinsèque, l'observation, voire scientifique, consisterait encore en la poursuite d'un travail constituant toujours renouvelé.

Ce en quoi consiste la positionnalité d'un réel logique extérieur à l'actuation en cours, un domaine virtuel inclusif relativement à la constitution nucléaire, et n'existant qu'en raison de cet acte constituant médian, producteur de la réalité logique de son passé de son futur et du présent qui lui est coextensif. La limite du possible logique n'est pas assignable pour ainsi dire au loin, au bord extrême du concevable, elle est produite en même temps que la création de la simple réalité catégorielle, et consiste en l'inaboutissement constant de cette création. Comme si un monde attendait aux portes de l'effectuation actuelle. Et l'acte logique consiste à y accéder, en même temps qu'il crée l'empêchement qui reporte cette accession. C'est la cause du désir logique, et de sa constante frustration par l'effectuation même de ce qui pourrait le combler. Et la négativité de ce désir logique, qui peut requérir la destruction de l'obstacle en lequel l'effectuation matérielle du sens consiste provient du fait que nul ne peut s'y conformer immédiatement et de bonne grâce, car le sujet est soumis à la nécessité de l'acte contradictoire de l'impossible, et peut susciter la fiction quelquefois mortifère d'un affranchissement de la sujéité qui est la cause de sa pauvreté conceptuelle. Une expression triviale illustre cette vicissitude : morte la bête mort le venin.

On n'a jamais pu produire un fait de sens hétérogène à l'effectuabilité matérielle du sens. Cette trivialité est fragile et susceptible de dénégation ou de scotomisation. Car connaître d'une manière ou d'une autre un fait hétérogène au possible logique (par exemple, une entité comme Dieu, exempt de toute détermination, et la position apophatique comportant un nombre infini de prédicats négatifs, ne le déniera pas) le transforme en fait pertinent dans la détermination protocolaire. C'est même ce qui se passe en permanence. Et cette pertinence est privative et réductrice, et consiste en une conversion sans préambule, immédiate et irréversible, mais manifeste, en ce sens que la possibilité de ne pas exister correspond strictement à chacune des particularités énonçables constitutives de l'objet catégoriel, dont le répertoire est illimitable. De cette façon, le sujet est présent et assiste à cette réduction, en l'opérant. Et nul autre observateur extérieur à cet acte de constitution n'est en mesure de comparer ce qu'il eût été sans acte constituant et ce qu'il advient du réel logique à la suite de cette pratique réductrice [1]. L'acte logique est un acte complet qui fait exister même ce qu'il impossibilise.

Certitude restreinte à ce qui se catégorise avec ou sans contradiction protocolaire. Il ne peut pas y avoir ni certitude ni connaissance (ni mention) concernant une réalité qui eût été dépourvue de pertinence protocolaire, et cette incapacité vaut certitude et nécessité. Même la catégorisabilité n'est réelle qu'en acte, et l'acte logique constituant ne rencontrera jamais d'autre réalité que catégorisable, car catégorielle dès son identification, quel que soit le degré de minutie de cette identification de ce qui pourrait être de l'ordre de l'imperceptible manifestation de l'inconscient au sens freudien à la modélisation scientifique dûment validée. Dans cette limite protocolaire, le monde est sûr. Et même les stipulations non valides, auto annulantes, doivent transiter par une articulation protocolaire constituante de leur non validité. Que ce soit un centaure ou un hippogriphe, l'effet d'une molécule dans un solvant où elle n'existe plus, ou la saveur

---

[1]   Les méfaits proclamé par des mystiques imputables à la misère de l'entendement bassement humain.

repoussante d'une boisson qui plaît à mon voisin, la vérifiabilité expérimentale est conditionnée par la réalité de l'acte catégorisant [1]. Le solipsisme intrinsèque à cette condition serait la situation de fait en absence de langage. Or le sujet actuant a une relation à son propre produit catégoriel, relation qui est déjà de l'ordre de l'élocution et il est le délocuté de l'acte de le mentionner ou décrire. Le solipsisme est exclusif de l'existence d'un sujet.

L'impossible, que son énonciation renie, ne met pas un terme à l'élaboration catégorielle et n'en suspend pas la continuité. La possibilité positionnelle vaut accomplissement effectif, même s'il est protocolairement contradictoire et, en ce sens, on peut désigner une fonction positionnelle dans la faculté constituante du sens. Si la faculté logique se retreignait au possible (ou au « valide ») il n'y aurait pas de sujet, mais des automates nomologiques auto-suffisants. Si la condition privative exclut la possibilité d'une transcendance au-delà de la transcendance fonctionnelle constituante, elle exclut également la neutralisation de cette transcendance immédiate en quoi consiste la constitution du fait logique. La réduction stricte au vrai et au possible est une dystopie dont la réalisation nous sera

---

[1] Qui ressemble à la réalité matérielle d'une idée, selon Descartes. [...]*il [le mot « idée »]peut être pris matériellement pour une opération de mon entendement* Méditations Métaphysiques — Préface

épargnée. Le culte de l'impensable peut certes susciter des crimes et des massacres, effectifs ou symboliques, et les a suscités, mais il peut être également le subjectile de la poésie, de l'art, et de toute autre spiritualité non mortifère.

Ce qui exclut la possibilité d'anéantir un fait logique quel qu'il soit, même catégoriellement tératologique. Faire que cela ne soit pas, ou n'ait pas été, est un acte constituant. L'objet catégoriel ainsi crée est exempt de rejet ou de dénégation, seul l'acte constituant peut s'auto dénier (se remplacer par son contradictoire, en utilisant la double négation moyennant une paraphrase déniante) mais sans s'anéantir. L'acte logique ne produit pas un fait logique terminalement constitué, et directement assertable, mais accomplit catégoriellement une positionnalité réelle, anticipatrice du constitué. Cette positionnalité autorise la catégorialité de l'impossible, exclusif de catégorialité certes mais qui ne subit cette inexistence qu'en acte, en raison du travail en quoi consiste son accomplissement auto annulant. Le sujet est en quelque sorte submergé par la possible positionnel, dont il ne viendra pas à bout. Autrement dit, il opère au centre d'une contextualité illimitable. Par ce biais, le monde existe.

Car s'il y a positionnalité réelle, autrement dit un degré quelconque, même infime, de manifestation ou ostensibilité, le travail constituant est déjà en cours, et son irréversibilité est assurée par nécessité protocolaire. Or, il ne peut pas y avoir d'inexistence de possible positionnel sauf inexistence (non témoignable) du monde car la catégorialité consiste en l'abrogation individuée de cette inexistence, et son mode de réalité. Une réalité de l'inexistence d'un monde exempte de catégorialité et d'abrogation catégorielle est strictement équivalente de l'inexistence du logique. Et sous forme d'abrogation locale cette inexistence est une réalité, autrement dit n'est pas rien. Un constat d'inexistence de cette contextualité catégorisable serait l'apanage de l'inexistence du logique, ou d'un logique inexistant, et tel est le cas. Par simulacre de régression ou de dépassement, des figures de cette impossibilité, voire sous forme de paraphrase cataphatique sont néanmoins façonnables, sous forme délirante, poétique, mystique ou par simple rêvasserie éveillée. Car seul l'arrêt est impossible, car il n'est pas dicible qu'il n'y ait pas positionnalité, quel que soit le moment et la circonstance. Cette générosité du réel contextuel est inépuisable et impérative.

Ce qui est une figure fictionnelle pour illustrer la circonstance protocolaire qui consiste en ceci que la réalité de la détermination contextuelle ne réfère pas une extériorité du logique qui eût été cependant logiquement effectuable. Suscité par un manque et consistant irréversiblement en l'individuation d'un manque, le travail constituant ne conduit pas à son aboutissement terminal mais seulement à un travail constituant, qui est de cette façon toujours « un autre » travail constituant. Le premier exploit logique n'est pas assignable ni dans l'ordre chronologique ni dans l'ordre logique. Et si ce n'était pas le cas, il était déjà <u>un autre</u> cas du travail logique, en raison du fait qu'il y a plusieurs choses. Cette non extériorité provient d'un acte d'inclusion, d'un travail immanentisant ininterrompu. Cette forme d'abrogation continue d'une cessation intercalaire exclut la descriptibilité d'un acte de constitution logique qui ne soit pas la constitution de ce qui existe, et fonde la passivité ontologique de l'acte d'effectuation matérielle du sens. Même si la chose qui existe consiste en la fiction d'un esprit agissant seul, de lui-même et sans apport matériel. Une chose comme une autre. Spectre, coquecigrue ou âme immortelle.

Car pour l'individuation du manque constituant, tout fait l'affaire, au gré d'une volonté ou d'un hasard [1]. Cette abondance est source de déni, car l'absence de thème interne à ce manque est inexpérimentable. La vie du manque est celle de l'anticipation de son identification complète, dont l'accomplissement effectif (qui en perdrait sa nature d'anticipant) sera inabouti. Un tel aboutissement serait incompatible avec le mode ordinaire

---

[1]   Si toutefois le hasard psychique existe, ce dont le freudisme nous fait douter. Le sujet y apparaît comme un dispositif de motivation de n'importe quoi, et producteur d'intelligibilité, même de l'absurde.

d'effectuation matérielle du sens. Le déni du manque est la positionnalité de cette individuation anticipante. Nous avons assisté à la scène de la tentative de position d'un manque absolu, le démon malicieux et puissant ayant outré la position du douteur cartésien, en lui signifiant « tu peux dire : *je ne suis rien* ». Et on sait ce qu'il en est advenu. Ce déni de manque est une constante fonctionnelle, et l'acte logique est un hiatus constituant. Le réel logique est exclusif d'automatisme et de continuité sans cause protocolaire constante. Ce hiatus articulant est initial, car consistant en la conversion en catégorialité de la nécessité ontologique. Il est donc requis, central, nucléaire. Le cœur du logique est une faille et un comblement inabouti. Le déni constituant, relatif au manque logique, est ce en quoi consiste la contrainte à créer, même ce qui est fait et établi, ce qui désigne la source ontologique du sens, qui n'apparaît qu'en cette conversion en catégorialité, péjorante ou magnifiante.

L'indissociabilité de l'anticipant et de son effectuation ainsi que l'inaboutissement terminal de cette effectuation autorise l'image d'un tâtonnement pour illustrer l'acte du sujet. Tâtonnement qui est de l'ordre d'un incipit clos et indépassé, d'une expérimentation comparative et inaboutie. L'accomplissement terminal du fait logique constitué est empêché non pas par une lacune, un trou, un manque parasite, une faille adventice, mais par la complétude de l'anticipant, complétude perdue en raison de son actuation protocolaire, et en cours de recouvrement [1]. Le sens effectué a lieu en cette sorte de laboratoire central dont le produit consiste en son propre travail. Lieu de permutation constante entre monde et sens, opération de conversion où, par figure, le monde vient exister. Si la détermination protocolaire est d'ordre contextuelle et si cette contextualité inclut la réalité matérielle de l'existence du sujet et de toutes ses déterminations, ce « monde qui vient exister dans l'acte catégorialisant » inclut le sujet lui-même qui de cette façon est contraint de « venir exister » dans l'acte constituant du fait de sens et d'y perdre sa complétude. Et cette descriptibilité exclut toute forme de réalité marginale, causale ou conséquente, limitrophe ou débordante. Malgré les innombrables fictions qui illustrent contradictoirement cette impossibilité.

L'empirie qui régule la vie ordinaire comporte cependant une image pour ainsi dire stellaire du connaissable ou seulement du désignable, non pas à la façon d'un ciel étoilé porteur de toutes les choses, mais comme une ostension généralisée et illimitée, que l'on peut hanter, discerner, analyser, subir, et où l'on peut puiser incidemment ou selon son gré. Il en va de même pour l'existence des autres et pour sa propre réalité. La vérité de cette

---

[1]   Et si ce recouvrement aboutissait, ce serait la fin du temps logique et (pour quiconque) du temps tout court. Cette incomplétude contient la diégèse du logique.

fiction instrumentale et utilitaire tient à ce qui cause sa positionnalité : l'extériorité du sujet, réciproque de l'extériorité du monde, et la complétude du constitué logique en tant qu'anticipant du travail constituant. Faits réels et constants, mais qui n'existent que dans l'acte de leur abrogation et moyennant cet acte. L'acte constituant consiste en une perte du possible illimité propre au domaine de l'effectuabilité matérielle du sens, par l'individuation du manque articulant, et une restriction du possible protocolaire, aux limites inassignables, aux déterminations constituantes du fait logique en cours d'actuation. Des constitués catégoriels (à défaut des entités purement ontologiques inaccessibles sans conversion catégorielle) consisteraient en une sorte de résidu, de caput mortuum du processus constituant, sauf si, en en prenant connaissance d'une manière quelconque, on leur faisait subir la conversion catégorielle ordinaire. Ce qui a lieu. Cette conversion du déchet catégoriel qui rend la vie au constitué mort est illustrable par la figure mythique d'une résurrection logique, et est la cause positionnelle de tout mythe de création du réel, du monde, de l'univers. Mythe inévitable et irréductible, car strictement compatible avec le mode ordinaire de constitution d'un fait de sens.

Dans cette circonstance il y a équivalence entre toute forme de « figement » catégoriel, que ce soit une notation formelle, une formule mathématique, une photo d'identité, une guenille dans le caniveau, un soupir d'aise ou toute autre forme de signifiant, même abstrait ou illisible mais toujours porté par un référent matériel [1], implicite et méconnu ou dissimulé par voie de paraphrase déniante, voire apophatique. Cette impossibilité de figement du constitué, qui devrait correspondre à une inexistence, est virtuellement possible (hors son effectuation) car elle correspond au travail constituant de négation de négation, par exemple la négation de la négation de la nécessité protocolaire régissant la formation d'un fait de sens, ce qui consiste en une forme de réalité pour l'impossible qui serait « juste avant » ou « juste au-delà » de sa dénégation protocolaire. Le mode d'existence des objets constitués et exonérés de condition protocolaire est descriptible comme la relation du manque individué à l'indéfinitude du domaine, limitrophe, de l'effectuabilité matérielle du sens, autrement dit le mode d'actuation individuée du possible logique non illimitable.

---

[1] Condition qui rend pensable l'origine de l'écriture, par objets et par pictogrammes, compatible avec la communication déictique (caricaturée par Swift, Voyages de Gulliver, Visite à l'académie de Lagado : *il est clair qu'à force de parler les poumons s'usent et la santé s'altère. L'expédient qu'il trouvait était de porter sur soi toutes les choses dont on voudrait s'entretenir.*) et productrice de la possibilité de métaphores opérant sur des objets matériels. Une orange pour dire la Terre (selon Paul Éluard), deux melons pour dire les seins de madame (selon Gombrowicz), et réciproquement.

Par image, le radeau du sens.

Possible et impossible ne sont pas côte à côte, du moins est-il certain qu'une telle situation ne serait pas constatable, car le constater consisterait déjà en une effectuation du possible logique. L'impossible n'existant que dans le travail d'abrogation en quoi sa manifestation consiste et le possible ne consistant qu'en l'actualité de ce travail d'abrogation. Le monde au sens du domaine de l'effectuabilité du sens existe en passant par ce goulet protocolaire, cela existe en ce sas catégorialisant. Mais il n'existe pas d'impossibilité logique éliminée en effigie, ni de possible constitué in absentia et en ce sens, l'impossible étant indiscernable, l'un et l'autre désignent la même entité (ou néantité) logique. Cette impossibilité elle-même n'est réelle qu'in praesentia et en acte, et requiert un support effectif, unique représentant compatible avec la condition protocolaire. La constance de l'inaboutissement terminal de l'acte constituant est le mode de survie du support contextuel de l'acte de conversion logique, qui fait apparaître l'ontologique sous forme de catégorialité en cours de constitution. Et ce constitué terminal protocolairement incompatible est une réalité matérielle, inscription, écriture, formule, et consiste également en des entités iconiques, magiques, fétichistes de toutes sortes. Sortes de « constitués amoindris », mal regardés, regardés du coin de l'œil, soustraits à tout déchiffrage, désignation, description ou narré compatible avec la restriction protocolaire qui détermine sa manifestation. Comme si leur constitution avait abouti à un terme ultime et dépassable. Le monde contextualisant de cette façon est inépuisable en raison de l'inaboutissement de l'acte constituant, inaboutissement par excès, car l'acte constituant se poursuit sans terme, et consiste en l'abrogation, productive, de ce moment terminal.

Le terme d'inaccomplissement est un nom du manque articulant, et l'inépuisabilité actuelle du contexte matériel consiste en ceci que ce manque commence d'exister seulement quand il est individué. C'est ce à quoi se restreint ce que l'on peut en dire ou savoir. Cette saturation anticipante du manque et son irréversibilité [1] sont constitutives de la nécessité protocolaire. Que ce manque d'un manque résulte d'un acte et consiste en un acte est la positionnalité de l'imminence d'une l'inexistence de réel logique (ou de « sens ») corrélative de la suspension de l'acte constituant, suspension qui, requérant et un auteur et un témoin, est une contradiction protocolaire. La paraphrase contradictoire de cette impossibilité est la production fictionnelle d'entités logiques exclusives de catégorialité, ni saisissables, ni dicibles, ni désignables, ni descriptibles, et dont la prise de connaissance

---

[1] Qui se laisse illustrer par le propos de Gombrowicz dans Ferdydurke : « Si le monde existe, c'est seulement parce qu'il est trop tard pour reculer ».

n'est pas passible de narration. Localisable dans cet espace fantasmatique de vide catégoriel avant, juste après et simultanément à l'effectuation de l'acte logique ordinaire. Espace qui, à être décrit, se manifeste comme toujours subsistant, toujours présent, et toujours non vide, car sa manifestation est un acte articulant individué. Mais seulement lorsqu'il se manifeste.

Or, cela ne se manifeste pas de son propre fait, ni à la suite d'une intervention d'un sujet qui eût été aux aguets, un sujet cueilleur-chasseur qui se serait emparé de la matière ontologique pour confectionner une entité catégorielle. Cela existe, si ça se trouve, mais certainement pas pour nous. Le sujet est inaccessible à tout acte catégorisant direct, son existence se stipule par impossibilité de déni, non pas de l'existence d'une telle entité, extrinsèque quant au déroulé de l'opération constituante et passible de catégorialité, mais du sujet dont la dénégation requiert l'acte spécifique d'un sujet logique. En ce sens, ce dont il est possible d'attester l'existence sans contradiction protocolaire est ce qui serait désignable par le terme « sujéité », ou fonction catégorielle. Même le sujet qui scrute un autre sujet, moyennant sa présence corporelle, ou sa production signifiante (signe, geste, émission, élocution, etc.) est réduit à l'accomplissement de sa propre fonction sujet, il ne voit que le sujet qu'il voit, et il en va de même pour l'ostension catégorielle du sujet qu'il est. Cette sujéité fonctionnelle caractérise le mode heuristique, relatif au sujet, du mode d'ostension du réel, ou de la position quelconque. La place du grand demiurge absent du monde et créant le monde nous revient de droit. Et seul notre acte créateur constant abroge cette absence.

L'impossibilité protocolaire de poser (repérer, désigner, décrire, narrer) une telle absence — qui n'est pas une irréalité, car elle détermine le mode effectif de constitution locale du fait logique et la positionnalité de toutes les impossibilités y afférentes — détermine l'existence d'un certain « n'importe quoi » , constant et irrépressible apport matériel du monde à la constitution du fait logique. Caractériser cette impossible absence du sujet est le seul mode adéquat de traduire la formule banale « tout fait sens » [1]. Par négation de l'inexistence du sujet, car le constat d'inexistence est contradictoire à l'acte de l'accomplir. Cette inexistence ne s'évanouissant pas d'elle-même, elle consiste en une réalité logique, selon la détermination protocolaire, et parmi les modes effectifs de son abrogation figure la paraphrase déniante. Ces effectuations de l'impossible

---

[1] Illustrée par exemple par la notion de « bricolage » en tant que description de l'activité symbolique propre à la « pensée sauvage » que Levy Strauss nous a apprise (La Pensée Sauvage) : ramassez n'importe quoi, le sens est là, et sa source s'inaugure déjà de l'acte de le « ramasser ».

sont des modalités de l'individuation et de la résiliation du manque, tout autant que les accomplissements du possible. Cette inexistence de sujet, ou d'acte constituant, ou de détermination protocolaire, est ce en quoi consiste la positionnalité de toutes les fantaisies « herméneutiques » imaginables, délires d'interprétation, mythes de la saturation sémantique d'un monde totalement investi de sens, par nature, spontanément, grâce à l'onction d'un créateur ou par le biais de la « sagesse de la nature », voire des prosopopées de la Terre ou du cosmos. Mais un humain est requis pour obtenir la manifestation de mondes non humains ou vierges de saisie par des humains, mondes en deçà du sens, au-delà du sens, à côté du sens. Et c'est uniquement acte par acte, au cas par cas, que le domaine contextualisant de l'effectuabilité matérielle du sens est réel. Et cette occurrence articulante n'est jamais plurielle, ne pouvant pas atteindre son degré d'épuisement terminal.

Une topologie fictionnelle décrirait le lieu d'effectuation du sens comme un incident fonctionnel sans étendue. Et une description dynamique et tout autant fictionnelle le montrerait come un acte constant d'annulation et du passé et de l'avenir non pas au sens d'un en-deçà et d'un au-delà mais comme le déroulé interne de cette effectuation. De cette façon, outre cet effet d'annulation, l'acte constituant est dépourvu de contenu. L'annulation du passé consiste en la conversion du pur présent de l'ostension en anticipant du travail constituant, ce qui l'irréalise en tant qu'objet constitué par des déterminations purement ontologiques, et l'abolition de l'avenir indéterminé moyennant ce qui s'accomplit, en cours d'effectuation, qui annule absolument toute autre possibilité d'effectuation logique. Même si un domaine illimité d'effectuabilité du sens est protocolairement inaccessible, sans apport contextuel l'acte logique ne serait rien. L'accessibilité de ce domaine logicisable consiste en l'acte constituant, commun au sujet et à la chose (ou donné ontologique), créateur de catégorialité. Et en ce sens, il s'agit d'une inaccessibilité par excès. Car même le sujet, unique médiateur dans cette conversion créatrice, est contextualisant relativement à son propre acte constituant. Nous n'accédons pas à un domaine d'effectualité matérielle du sens parce que, pour nous, nous ne sommes déjà que sens effectuable. La fonction sujet exerce donc son effet heuristique sur le sujet lui-même, sur tout ce qui en lui est de l'ordre de l'ostension. En outrant les termes de la description, en frôlant même le caricatural, il est juste de dire cependant que le sujet existe en se disant. De cette façon l'accomplissement du possible précède sa propre possibilité. Quand c'est logiquement possible c'est déjà logiquement réel, et cause de l'abrogation totale et irréversible de toutes les impossibilités qui lui sont corrélées, sous toutes leurs formes. L'acte logique se déroule ainsi selon un impouvoir presque total, à une actuation de sens près. Cette actuation détermine ses propres impossibilités, au fur qu'elle les abroge, tout en étant déterminée par la cause positionnelle de toutes les impossibilités, réelles lorsqu'elle se constituent en contradiction protocolaire, et nulles, pour nous, par ailleurs. La créativité protocolaire, autrement dit déterminée par toute la matérialité constitutive du sujet, depuis qu'il y a matérialité jusqu'à l'instant de l'effectuation individuée du sens est réductrice et privative, elle transforme le possible illimité en fatalité accomplie. Ce qui fait que, à la fin, il n'y aura jamais eu qu'une seule histoire. La seule qui aura eu été possible et qui aurait pu aussi bien n'avoir point existé.

Ce qui laisse quantité de possible logique relégué dans l'inaccomplissement et le sujet spolié en toute connaissance de cause et prêt à tout pour y remédier. Ce qui est l'ordinaire de son travail constituant. L'individuation inévitable du manque logique pourrait être imputée à un monde contextuel, qui est la matérialité de la réduction du sens au possible. Cette imputation s'exprimerait en disant que le monde nous borne et suscite nos incapacités logiques. L'impossibilité d'un néant de sens peut être paraphrasée en pléthore inépuisable. Face à la déréliction que suscite l'expérience indépassable du fait que le sens se réduit au monde. Monde dépouillé de sa pure dignité ontologique en faveur d'un état de construction catégorielle toujours en cours.

C'est la positionnalité de toutes les fantaisies, nobles ou triviales, vouées au recouvrement de l'état alogique du monde. Entraînant la confection d'entités intermédiaires, des catégorialités substantivées et des substances dotées de catégorialité sans rien perdre de leur substantialité. La phénoménalité objectivable est une des incarnations de ce fantasme hybride, relevant et de l'être et du sens. Mais cette dégradation de la catégorialité interdit irréversiblement son recouvrement par un biais interprétatif quelconque. La catégorialité est immédiate et irréversible, même en ne consistant qu'en une simple ostension. Même s'il y a des choses, des faits et des phénomènes, cela n'existe que sous forme de conversion catégorielle, qu'elle soit de l'ordre de la déchéance ou de la magnification.

Et à ce propos il y a lieu d'utiliser la notion d'immanence protocolaire, crée par l'acte constituant dépourvu de contenu propre et dépendant d'une phénoménalité contextualisante (absent ou éloignée quand elle n'est pas prise dans ce travail constituant) qui n'existe (« pour nous ») que sous forme de conversion catégorielle, exclusive de suspension. L'actuation articulante est la source voire la fabrique de toutes les déterminations contextuelles, descriptibles en termes de temps et d'étendue. Non pas à la façon d'une création ex nihilo, ou d'une surrection spontanée, mais par l'effectuation de cette conversion catégorielle intrinsèque à toute manifestation, implicite et constituante dans la plus immédiate des ostensions. Décrit comme un lieu, l'acte constituante serait vide de contenu et de caractéristiques spécifiques. Il n'est descriptible que comme une transcendance catégorisante, unique et indépassable, consistant en le déroulé de la catégorialisation de l'ontologique. Une transcendance enclose dans le travail constituant et consistant en ce travail. Et suspensive relativement à tout autre possible logique. Suspension, de fait, abrogative [1].

Un commencement de l'effectuation matérielle du sens n'est pas assignable car il n'y a que commencement. Et ce qui commence ne comble pas ce manque inchoatif, toujours (trop vite) individué et consistant d'emblée en un micro chantier voué à la constitution catégorielle d'un anticipant, constitution qui ne se résout pas en constitué terminal, l'anticipant demeurant anticipant. La disparition du logique est sujette à une constante interruption, le logique consiste en cette interruption, et c'est toujours l'acte premier de la constitution du réel catégoriel. Suspension come venue d'ailleurs, car il n'existe pas d'acte logique descriptible sans matérialité constituante. Si on décrivait un acte logique pur, vide, abstrait, idéal, semblable au numen

---

[1] Ce qui n'a pas eu lieu, au profit de ce qui a eu lieu, n'aura jamais lieu, même si une apparence de répétition trouble cette certitude : ce ne sera jamais le même fait, ni doté des mêmes antécédents, ni des mêmes simultanéités ni des mêmes conséquences. La fatalité est mécanique et absolue.

attribué aux divinités romaines, cet acte décrit consisterait lui-même en l'apport contextuel requis pour son accomplissement. Ce non vide qui affecte l'acte logique est ce en quoi consiste la nécessité de l'anticipant et son inépuisable permutabilité. De quoi faire dire légitimement à l'ingénu « il y a un monde », à condition qu'il s'y inclue.

Inclusion en tant que fonction protocolaire, lui-même étant inclus dans la contextualité qui détermine la spécificité de son actuation catégorielle. Ce qui se décrit comme une extériorité réciproque et indissociable reliant par exclusion continue le sujet et le monde. Car être inclus dans ce qu'il constitue requérait un accomplissement terminal et dépassable, et un dépassement exactement limitrophe de cet achèvement, autorisant un retour. Ce qui est indescriptible, ce retour consistant déjà en un acte constituant. Cette exclusion par excès est la positionnalité de l'incognoscible et de son irréductibilité, car en fait il est constamment soumis à une réduction protocolaire, qui le constitue comme fait connu en cours d'actuation, à la place de tout le possible contextuel, repoussé de la sorte dans le domaine du non connu et de l'inaccessible à la connaissance, qui consiste en un travail de constitution catégorielle. L'exclu spécifique de l'acte catégoriel effectif reçoit sa qualité d'incognoscible du simple fait de la non suspension de l'acte logique, suspension qui est protocolairement contradictoire, et dont la description est inarticulable. Le mystère est mécanique.

Trouver du non catégoriel dans le monde extérieur au sens effectuable est un projet qui s'exprime, par fiction ou par délire, mais qui, si son accomplissement est intégralement décrit s'abroge du fait de cette description même. D'autant que la frontière imaginable entre le connu et le non connu est en permanence occupée par un franchissement local incoercible et involutif, producteur d'immanence. La positionnalité des capteurs envoyés dans le lointain exempt de catégorialité, des équivalents, amputés, de sujet, conçus le plus souvent selon la métaphore scopique, ou implantés dans le néant logique que figure souvent le silence et dont ils suscitent la productivité (et même la loquacité) consiste en le mode ordinaire de constitution catégorielle, par conversion de ce qui eût été non catégoriel, l'environnement virtuellement logique, ou logicisable, soit nul soit purement ontologique, conversion immédiate, indépassable et irréversible. Mais qui doit être accomplie même si elle ne peut pas cesser d'avoir lieu. Et toute rétention retardatrice, tout dépassement du dépassement constituant et toutes les formes de réversibilité imaginaire sont le même acte de conversion immédiate, indépassable et irréversible.

Toute formation imaginaire illustrant le mode non

protocolaire d'existence du sens [1] provient de la diérèse interne de l'acte logique. Durée unique, intrinsèque, et toujours individuée, autrement dit descriptible et narrable. Toutes les choses (occurrences individuées de l'ostension du monde) dès qu'identifiées par un nom ou par une ostension sont de la cire [2], autrement dit l'étiquette apposée sur une séquence de différentiations susceptibles de narration. Sans que nul de ces états de l'ostensibilité n'épuise la désignabilité, car la chose identique à elle-même est exclusive de catégorialité, qui ne contient que des différentiations. Un analogon de chose investie d'un statut seulement ontologique, un analogon de substance, est déjà converti en ostension de nature catégorielle dès lors que quelqu'un s'avise de son existence. La contextualité ne commence pas au-delà de l'objet en quoi consiste l'actuation de sens en cours, car cet objet, dont l'existence présente est exclusive de durée , est déjà d'ordre contextuel relativement à l'acte constituant. Et ce débord contextualisant est la positionnalité de l'existence du monde et l'effectualité de cette existence.

Le sujet est amarré au monde par ce bref débord, comme

---

[1] On peut rappeler ici la sidération cartésienne après l'instauration du doute illimité, et avant la découverte de la nécessité protocolaire, dans la Méditation Seconde: *comme si tout à coup j'étais tombé dans une eau très profonde, je suis tellement surpris, que je ne puis ni assurer mes pieds dans le fond, ni nager pour me soutenir au-dessus.*

[2] La bien connue cire cartésienne. (Méditation Seconde)

l'aiguillon de l'abeille à ses viscères, qu'elle perd en piquant une peau dure, et quel que soit l'actué de son actuation matérielle de sens. Sauf s'il peut y avoir actuation de sens sans actué individué, il serait possible de poser une version abstraite ou purement formelle du monde, représenté par l'entité hybride, entre déterminé et indéterminé, désignable comme l'objet logique quelconque, en quelque sorte « l'objet x », épargné d'identification singulière. Mais qu'une chose soit pour nous consiste toujours en une réitération et une reconnaissance. Même l'objet que nul n'aurait jamais encore vu, s'il consiste en une ostension, utilise l'appareil protocolaire, autrement dit toutes les déterminations originairement sensorielles qui opèrent lors de la formation d'une ostension. De cette façon il ne peut pas exister, pour nous, d'objet singulier qui serait incognoscible et partant nul quant à l'ostensibilité, car ce que l'on connaît, on le connaît relativement au connu. Pour qu'il y ait catégorialité, il ne peut pas exister de chose quelconque, ou de chose distincte de toute autre forme d'ostension. Le « ptyx » [1] se convertit en chose individuée, tout autant que la fleur référée quand je nomme l'absente de tout bouquet, encore selon Mallarmé. L'unéité du sens est une monotonie , provenant de

---

[1] L'objet qui matérialise un manque dans le déjà cité poème de Mallarmé, <u>Poème allégorique de lui-même</u>, *Sur les crédences, au salon vide : nul ptyx*

l'unéité privative, limitative, restrictive en quoi consiste la condition protocolaire. Toute ostension singulière est une individuation effectuée, et même réduite à un imaginaire degré infime de prédication, l'ostension ne franchira jamais la paroi qui la sépare de l'indétermination, du néant, de l'être, et cette paroi est ce en quoi consiste et l'ostension et l'origine du sens.

Cette immanence protocolaire autorise la description de la contextualité comme contenue dans l'acte constituant, pendant le tems qu'il est effectif. Ce que traduit la lapalissade empirique qui nous apprend l'inexistence du sens corrélée à l'inexistence d'acte logique imputable à un sujet, humain par redondance. Nul acte constituant, nul sens. Platitude qui n'empêche ni sa subreption ni son déni. Ce qu'en droit on appelle la réticence dolosive. Franchissement fictif de la limite protocolaire qui autorise la confection d'une image de la contextualité séparée de l'actuation effective du fait de sens, et relevant d'une autre épistémologie, extra-humaine ou exempte de cause. Par exemple un domaine du sens autonome et pré-contextuel, dont le sens effectif serait une sorte de coagulum spontanément produit. Le Logos, le Un, l'Être, et tutti quanti. La production de telles entités, sources factices du sens, utilise un seul outil, monotonement, la soustraction de la condition humaine, bassement anthropologique et péjorante. Il ne demeurerait que la sphère pure du sens, comme il en va de l'âme immatérielle lorsqu'on la délivre du corps ou que l'on feint, par ascèse ou par délire, que ce corps n'existe pas.

Cette création fictionnelle et l'indétermination protocolaire qu'elle requiert se décrirait également comme un travail logique, et son impossibilité de même, qui proviendrait de ce même travail logique requis pour la produire. Ce qui doit se désigner par le terme d'impossibilité protocolaire. Cette indétermination est une réalité logique, faute de quoi nul ne serait en mesure de l'inventer. C'est la constante imminence de cessation de l'effectuation matérielle du sens, corrélée à l'aboutissement terminal du travail constituant. L'impossibilité strictement protocolaire (et nullement nomologique) de cette cessation et de cet aboutissement terminal tient au fait qu'un tel aboutissement requérait une halte, un dépassement, qui l'instaurerait en mode transcendant. Mais une halte dans le travail constituant correspondrait à un anéantissement du logique, y compris de la halte logique que l'instauration du fait achevé exigerait. Les conséquences de ce simple empêchement instrumental, voire mécanique, sont constitutives du possible logique, et de la constance de toutes ses déterminations. Ce à quoi nous sommes réduits mais seulement en tant que sujets immanents de l'effet protocolaire.

Imaginons un commencement transcendant (même strictement limitrophe de son effet). On peut le faire, par obreption du sujet même qui l'imagine. Car en n'escamotant pas le sujet, seul est descriptible son acte d'immanentisation. Cette boucle immanentisante est le mode constant de constitution du fait logique. Selon une description opératoire, sa cause consiste en l'abrogation protocolaire de l'absence de sujet, qui est l'état de choses constamment imminent et corrélative d'une extériorité du domaine du sens effectuable. Selon sa descriptibilité cette immanence est incidente et précaire, et l'entreprise consistant à identifier son contenu devrait attendre que ce contenu se manifeste et constitue, car en dehors de cette manifestation constituante ce contenu est nul ou inaccessible à toute description. Ce en quoi consiste la positionnalité d'un répertoire contextuel offert à cette opération immanentisante et toujours à effectuer. Le fait de sens n'a pas d'intérieur et se décrit uniquement comme la résolution immanentisante d'une extériorité. En en dehors de cette articulation protocolaire ni sujet ni monde ne sont passibles de catégorialité. Autrement dit nul n'en saura jamais rien.

La sujétion au sens s'illustre par cette dépendance contextuelle que soumet tout ce qui existe, le grain de pollen autant que l'étoile, le vivant comme le non vivant, et il n'existe pas en ce sens d'exception humaine. Cette conversion continue en eccéité est constitutive et du sujet de l'effectuation matérielle du sens et de la matérialité qui soutient cette conversion. Ceci est descriptible lors de l'effectuation logique, et l'existence d'un monde hétérogène à cette possibilité de conversion catégorielle est exclusif d'enquête et d'observation. Nous ne saurons rien de ce que nous n'effectuons pas catégoriellement. Et cette effectuation n'a d'autre contenu que ce qui est en cours d'effectuation. Comme une sorte de capture, de filet logique lancé sur l'extériorité est dont le contenu est ce en quoi consiste la connaissance du monde. Mais cette connaissance consiste en l'acte de capture de ce qui se donne, et le donné, spontané ou provoqué, est cet acte de capture catégorielle. En utilisant encore la métaphore scopique, le sujet crée ce qu'il voit.

II-Processus

Il n'y a de totalités (même partielles, spécifiques, régionales) dans le domaine de l'effectuabilité logique que celles qui sont adéquates à l'acte constituant actuel. Ceci se démontre par nécessité protocolaire : si je prends connaissance d'une totalité détaché de mon actuation de sens en cours, cette recherche est l'actuation de sens an cours, et ce détachement est aboli. Ceci se paraphrase en disant qu'il y aura toujours une totalisation dans la continuité du processus constituant en cours. Qu'il y ait un monde est une supputation, mais qu'il y ait des mondes est une nécessité fonctionnelle intrinsèque au mode ordinaire d'effectuation du sens. Sauf si l'achèvement terminal de l'acte constituant était un fait logique repérable, descriptible et narrable. Ce qui n'est pas le cas. L'acte constituant est l'actuation d'un état contextuel inclus dans les limites de la détermination protocolaire. Ce qui instaure un ordre dans le domaine de l'effectuabilité matérielle du sens, autrement dit le monde.

La possibilité catégorielle n'a pas de bornes, que sa descriptibilité s'exprime comme une séquence ou comme une simultanéité. Axe syntagmatique, axe paradigmatique schématisant ce qui se laisse imaginer plutôt comme une étendue circulaire à la limite inassignable. La restriction actuante est dépourvue de contenu propre, car elle consiste en l'effectuation de ce contenu anticipé. Elle aurait eu un contenu si ce processus terminait. Et cette terminalité protocolairement incompatible concerne toutes les dimensions du voisinage sémique, chronologique et spatial, selon toute les orientations proposées à la descriptibilité. En quelque sorte, le sujet ne constitue jamais moins qu'un monde. Même braqué sur la scrutation d'un ciron, ou d'un grain de poussière. Même en ne regardant rien. La persistance de la contextualité s'articule par le biais de cette rétraction du sujet, condamné à la spoliation de contenu propre, spoliation dont il est l'auteur, en devant, pour perdurer, s'annuler au profit de la constitution catégorielle toujours en cours, toujours celle d'une chose, individuée, relevant de l'extériorité du monde et la réaffirmant.

Cette extériorité contextuelle relativement à l'acte articulant n'est pas limitrophe d'un noyau praxique, où la germination catégorielle prendrait son essor. Ce noyau protocolaire articulant n'est pas de nature ponctuelle, par définition close et indépassable, mais est descriptible lui-même comme un champ de la virtualité catégorielle, actué matériellement par l'acte constituant intermédiaire. L'acte constituant, désignable comme « la chose logique » qui consiste en un acte, actuant la virtualité catégorielle indéfinie, consiste en une production de cette contextualité en quoi elle-même consiste d'emblée. Plus platement, il suffit de statuer que le présent de l'acte logique n'est pas fixe et durable, et même que sa durée est aussi indescriptible que celle du présent chronologique. Ne durant rien, et n'étant pas nulle, son existence consiste en cette production de l'état contextuel. La «distension de l'âme » dont Saint Augustin nous entretien dans <u>Les Confessions</u>.(Livre 11ième chap. 26). De cette façon, le sujet n'est pas inclus dans le domaine du logique, car son effet constituant, étant continu, l'en exclut continuellement. Il subit de cette façon la « disparition élocutoire» dont Mallarmé affecte le poète [1]. C'est une manière

---

[1]   « Crise de vers » : « *L'œuvre pure implique la disparition élocutoire du poète, qui cède l'initiative aux mots»*

d'exister.

Mais, outre le monde, des « micro contextes » sont constituables. Des désignations correspondant à des objets matériels, le stylo, la tasse de café, les rognures d'ongle, et tout l'inventaire peut-être fini de tout ce qui peut se désigner, soit par autodésignation en quoi consiste la simple ostension, ou par un acte déictique, ou par le langage verbal ou non verbal (mimique, signé etc.) sont effectuables et couramment effectuées. De tels signifiés n'existent pas en mode instantané, mais moyennant un travail protocolairement déterminé (selon toutes les déterminations contextuelles constitutives du sujet, en tenant compte du fait que sa propre corporéité fait partie de cette contextualité) qui est lui-même identifiable, descriptible et narrable. Ce travail constituant est le dernier degré de la réductibilité descriptive correspondant à un objet quel qu'il soit, toujours individué ou nul. Les indices de présence de la chose, visible, tangible, voire frangible ne modifient nullement cette restriction protocolaire. L'absence, et même celle de la pierre de Descartes qui n'a jamais encore existé, est intrinsèque au mode dont se produit la présence de la chose présente, qui n'est pas constituée en totalité immédiate, mais par un travail qui la rend constamment absente et constamment reconstruite. La non discontinuité de ce travail le rend inapparent. Mais la fixité constituée est exclusive de description et de narré.

Le sujet ainsi décrit est une machine privative, tout autant qu'agent de la constitution du réel logique, borné par cette besogne articulante qui repousse le contextuel vers une extériorité constamment démentie par sa manifestation en tant que productrice du fait logique individué. Autrement dit, et plus rudement, l'ostension individuée est strictement coextensif au possible logique et rend indéfinie la limite de ce possible, qui pourrait s'accomplir sous la forme d'un aboutissement terminal, et indépassable et témoigné, ce qui en fait une contradiction protocolaire. Cette inépuisabilité résultant du constant inaccomplissement et comportant l'exclusion de toute hétérogénéité (constitutive d'une contradiction protocolaire, car requérant l'extériorité du logique accomplie dans le logique tout en demeurant extériorité) institue dans le logique un principe fonctionnel de totale pertinence, réduite par le réquisit d'un accomplissement individué. De cette façon, les multiplies pertinences possibles sont inclues, toutes, dans une pertinence globale, déterminée par une contextualité réductrice en raison de la condition protocolaire et qui est correctement désignable par le terme de « pertinence protocolaire ».

Que le réel logique contextuel ne puisse apparaître que moyennant un accomplissement local et individué, qui en même temps le constitue et le réduit n'enlève rien à la constance de cette réalité, en raison de l'impossibilité d'une suspension, serait-ce par le biais d'un aboutissement terminal, de ce travail local constituant, dont la simple ostension est déjà l'accomplissement. La présence du contextuel n'est donc pas de l'ordre de la sporadicité, mais de la continuité fonctionnelle, plus exactement protocolaire. Ce qui produit l'effet de primauté et d'autonomie, qui est la positionnalité des images de globalité logique exempte de condition protocolaire. La plus triviale de ces figurations étant le « savoir divin ». La production d'entités sémiques totalement autonomes par rapport à la condition contextuelle, même préverbales, cri, mimique, création d'un objet non catégorisable, s'ajoutent sans la contredire à la pertinence générale bornée par les conditions inhérentes à la détermination protocolaire, car elle dépend de cette actuation quelconque, toujours une et toujours individuée. Une seule action est à la portée du sujet résolu à briser la constance de cette contextualité, l'obstination de cette pertinence, et cette action consiste à disparaître. Ce que nous mimons souvent, en pure perte.

Nous sommes soumis à cette compatibilité contextuelle de tout accomplissement logique (réel dès l'ostension) produite par l'acte constituant en cours, qui consiste toujours en une expérimentation de compatibilité à partir de n'importe quelle origine protocolaire, de quelque actuation matérielle de sens que ce soit. Même l'étrangeté est travaillée vers le compatible, serait-ce par le biais du délire ou de l'hallucination, même celle, ordinaire, du travail et de l'élaboration secondaire du rêve selon Freud. Et ce risque d'étrangeté est constant et constitutif de l'expérience logique, qui consiste en permanence une enquête de compatibilité, même au degré (darwinien) de la simple survie. La contextualité congrue n'est somme toute qu'une imminence constante et dubitable. Elle doit se produire et se constituer, en transitant par le goulet praxique en quoi consiste la condition protocolaire (en clair, et succinctement, le fait que l'humain existe). En même temps le maintien de cette cohérence contextuelle est une condition qui soumet l'acte logique, en lui fournissant pour ainsi dire une « matière à constituer » dont il n'est pas l'origine.

Ceci produit la fiction d'un contexte entièrement donné, un réel logique incréé dans lequel le sujet humain logerait, selon une figure approximativement fœtale. Qui infligerait à cette source illimitée un appauvrissement et une réduction due à ses limites mentales. On aura reconnu l'antienne théologique traditionnelle sur l'incommensurabilité entre le savoir humain et le savoir divin, mais également les fantaisies au sujet des mystères du monde et de la nature inaccessibles à notre compréhension. Et aussi la positionnalité de toute la production fictionnelle congrue à cette persistance productive du contextuel, qui se réduit à la circonstance protocolaire ordinaire, à savoir, en le disant abruptement, que seul ce qui est peut se logiciser et que cela ne manque pas, et que cela n'est rien en dehors de sa logicisation, ou conversion catégorielle. Qu'il ne puisse pas y avoir, pour nous, d'autre logique ne se déduit pas au terme d'une expérimentation, mais s'accomplit sans suspension comme s'accomplit l'acte logique constituant. Son éternité est conditionnelle, et ne dure que ce que dure le suppôt humain de la réalité logique. C'est la seule éternité que nous avons.

Et tant que ça dure, et aussi longtemps qu'il advient que l'on vérifie qu'il y a quelque chose, et que cette chose est individuée et consiste en un travail de conversion catégorielle, le flot contextuel ne tarira jamais. Du moins un tel tarissement est-il exclusif de repérage, de description et de narré. Situation qui se laisse décrire en disant que l'occurrence logique se produit trop tôt et trop vite au gré de la libre résolution d'un sujet, ce qui n'empêche pas la constance itérative d'un parcours constituant, selon l'anticipant qui, n'étant jamais terminalement constitué, préserve entièrement sa nature contextuelle, ou son extériorité originelle. La réalité du contexte est corrélable à l'inépuisabilité de l'acte constituant. Une dette constante et un apport constant correspondent à ce déficit que nul acte ne comble. L'agent du sens est insolvable. Ce qui le restreint au rôle de créateur de ce qui se manifeste. Le travail constituant, informé par son anticipateur est connu, en ce sens que constituer est connaître, occurrence homologue d'une communication vers soi. Cette circonstance est la positionnalité de l'indicible, d'un indicible hétérogène à toute dicibilité. Dont nul ne saura jamais rien.

La validité positionnelle provient de ce qui peut s'accomplir, en raison de la compatibilité inévitable, et de ce que cette possibilité exclut de fait et immédiatement. Car l'exclu n'est pas anéanti, il vit sa vie pendant cette exclusion. Ce qui lui accorde une façon de réalité, que seul l'acte catégoriel (identification, désignation, description, narration) abroge, explicitement, par auto dénégation. Qu'il est aisé d'omettre afin d'en obtenir l'énonciation du non énonçable par le moyen de cette réticence dolosive, ou subreption, d'autant plus aisée, d'autant plus indécelable que l'acte constituant consiste toujours en une abrogation de l'impossible. Ceci dès le degré le plus humble de cette fonctionnalité, la position ontologique de l'ostension quelconque, dès qu'elle consiste en l'abrogation du constat «aucune chose n'existe». Cette néantité étant paraphrasable en affirmation d'une existence exempte de la contrainte à être quelque chose, tout en existant cependant. On aura reconnu les artefacts de la théologie et de l'ontologie fondamentale. Et l'effectuation du sens ne tarira jamais les source du non dit. L'un et l'autre ayant la même provenance protocolaire.

Car le travail constituant est un acte, mais à l'intérieur

d'une constatation, car il n'y a pas de virtualité logique qu'en cours d'effectuation. En effet, une contextualité comble, comme terminalement constituée, est un état de choses et invérifiable et indescriptible. Tout autant que l'hypothétique génération spontanée et strictement originelle d'une entité catégorielle. La contextualité est intrinsèque au mode ordinaire de constitution du fait logique, qui ne peut consister (selon le critère de descriptibilité) qu'en l'élaboration catégorielle d'un anticipant donné. Ce qui se démontre par l'impossibilité de description non contradictoire (non inarticulable) d'un cas d'hétérogénéité et de non compatibilité. Si cela existe, nous ne pouvons ni savoir comment ni en prendre connaissance. Le possible en tant que positionnalité d'un fait logique existe seulement en son effectuation, et sa persistance provient de l'inaboutissement de cette effectuation. Nul sujet logique ne pourra jamais identifier une absence de positionnalité. Tout se dit, même ce qui ne se dit pas. Au point que l'on peut désigner et caractériser l'incognoscible, et de ce fait le manquer en l'abrogeant.

Même s'il y a totalité en tant que caractérisation d'un domaine contextuel, la saisir, poser, scruter, la réduit, et la réduit drastiquement, au moindre accomplissement logique descriptible, à savoir le travail local et individué de constitution. Cette réduction constituante ne modifie pas seulement l'état de choses contextuel dont l'effectuabilté est imminente, mais, en modifiant sa détermination privative, modifie le possible contextuel à venir. C'est la positionnalité de l'histoire (et du destin, de l'utopie et la dystopie, et de toutes les variantes de l'uchronie) imaginée comme un agent, un constituteur non humain, de tout le remue-ménage de la fatalité [1]. Cette condition de localité ne suppose pas une occurrence locale restreinte (restreinte par exemple aux limites de l'anticipant) qui serait entourée d'un domaine de l'effectuabilité du sens pas encore entamé. Ni l'une ni l'autre de ces circonscriptions imaginaires ne comporte de contenu propre. Et ce sens que tout ce qui pourrait se déterminer comme « contenu » se réduit à un acte constituant ponctuel et continu. Et toute observation positive du constitué logique consiste justement en un acte de constitution. Le monde existe certes, car il n'y a pas de constitution descriptible sans un « à constituer », mais son existence logique consiste en un acte, un exploit protocolaire ininterrompu.

Et le monde se laisse constituer, sans réserve et sans limite. Comme une totale passivité contextuelle, qui rend possible l'observation (voire scientifique) de l'observable. La certitude que l'hétérogénéité est postulable comme impossible autorise la prévision mathématique de faits non observés [2] ou pas

---

[1]   Prédiction et rétrodiction sont inclus dans le fonctionnement local constituant. Autrement dit, la prédiction est incluse dans la prédictibilité du prédit, et la rétrodictibilité du rétrodit.

[2]   Exemple, les cases vides dans le tableau de Mendeleïev.

encore observés ou la recherche de l'inobservable (en histoire par exemple) par rétrodiction. Autrement dit, la contextualité ne transgresse pas la cohérence protocolaire, lorsqu'elle est soumise à un acte constituant, mais seulement alors. Cette passivité contextuelle est immédiate, et n'est pas descriptible comme une sorte de soumission advenant après la simple ostension encore intacte. Cette immédiateté est la source des analogons d'extériorité pure de toute intervention protocolaire, ce qui s'illustre par exemple par la contemplation d'un paysage ou du ciel étoilé. Car les bornes de cette extériorité sont exclusives de position, et il en va de même de l'extériorité la plus proche du sujet, la limite intéroceptive, jusqu'à la plus lointaine des extéroceptivités. Représenté par un analogon, l'extériorité est incompatible avec des limites assignables et ne peut être défalquée de quelque phénoménalité « intérieure ». Sans contenu propre, l'occurrence logique elle-même est un analogon de l'extériorité. Ce qui autorise la confection de formes fictionnelles représentant des entités logiques terminalement constituées, et considérées comme extérieures à toute détermination positionnelle. Les cas extrêmes étant les livres dans la bibliothèque, ceux qui auraient été émis par l'esprit d'un défunt et principalement les « textes sacrés », produits par une déité [1].

La passivité contextuelle est une paraphrase de l'existence du sujet constituteur et de la non discontinuité de son action. Et il serait plus adéquat de faire mention de l'impuissance contextuelle, en poursuivant encore dans cette même paraphrase. Le monde (au sens de contextualité de l'acte constituant, de domaine de l'effectuabilité matérielle du sens) n'agît pas sur lui-même, et il n'existe pas d'effet logique autonome et spontané qui soit en même temps descriptible. Même la pseudo-action qui consisterait à demeurer identique à lui-même. L'immuabilité est indescriptible faute de terme comparatif. Une ostension est déjà autre quand le travail constituant la réitère sans discontinuité, même si le terme virtuel de ce travail constituant consiste en l'obtention d'une terminalité et d'une butée dépassable. Butée virtuelle qui demeure virtuelle, car sa vérification requérait l'arrêt du travail constituant, même de celui en lequel cette vérification consisterait. Bien des pratiques culturelles et cultuelles miment cet aboutissement, comme la consécration des objets liturgiques et la vénération des textes sacrés.

Et la limite du répertoire offert à ces paraphrases dénégatives est indéfinie. Quoi que l'on distingue il s'agît alors,

---

[1]   Analogons d'un constitué catégoriel quelconque mais terminalement effectué.

nécessairement, d'un fait cohérent avec les déterminations logiques. Plus grossièrement, où que l'on touche c'est du logique. Cette condition protocolaire est la source de la possibilité paradigmatique. En raison d'une sorte de pertinence diffuse, ce qui désigne tout simplement l'impossibilité de décrire une occurrence logique non pertinente. La [non (non pertinence)] est une certitude protocolaire. Et, quoique l'existence de l'humain ne soit qu'une postulation fonctionnelle, et à moins qu'il existe un sujet non humain du logique, pour un sujet logique humain, si cela existe, le sujet logique non humain est exclusif de position dès lors qu'il est posé, que cela existe ou non. Mais cette abondance paradigmatique n'est pas exploitable telle quelle, elle n'est actuée que linéairement selon l'acte local d'individuation. Et la linéarité n'est descriptible que comme résultante de cette actuation ponctuelle. Même les items d'un paradigme, conjugaison, déclinaison, lexique, ne sont pas actués en même temps. Même une séquence discrète est liée par l'acte de franchissement des unités distinctes.

Tout fait corpus, et même la totalité (totalité de fait, par exclusion d'apport additif) des choses qui existent, qui n'est pas une totalité de droit en ce sens que l'épuisement de son inventaire n'abolit pas la virtualité d'ajouts. La totalité est donc un monstre épistémique. Mais il n'y a que des équivalents partiels de totalités et une totalité de fait de toutes les totalités possibles. Même un objet unique, et même les deux objets cités souvent ici, le « ptyx » de Mallarmé et « la pierre qui n'a jamais encore été » de Descartes consistent en des totalités que caractérise l'immanence de toutes leur déterminations possibles, catégorielles et ontologiques. La détermination protocolaire opère comme le rayon visuel de celui qui observe le ciel bleu dans toutes les directions et y perçoit une voûte sphérique. Le sujet humain (par redondance) est la source de toutes les pertinences, y compris de celles qui relèvent de l'observation scientifique. Outillage sensoriel, culture, histoire, technologie, et tout ce qui relève de la détermination contextuelle qui constitue l'acte logique affectent le monde de sa cohérence paradigmatique [1]. Ce qui fait l'affaire de notre propos de survie.

Et on peut identifier ainsi un dessein de survie logique, qui en même temps doit se vérifier, mais qui n'aura pas lieu d'être en absence de tout sujet constituteur et seulement alors, quand il n'y aura pas de sujet constituteur pour s'en apercevoir. La non hétérogénéité est causée par l'effectuation protocolaire, contextuellement déterminée, et si on souhaite formaliser cette contrainte praxique on pourrait statuer a priori que

---

[1] Unité, isotopie, univocité phénoménale etc. mais également les classifications relevant de la magie, de la superstition, de la « sagesse populaire », de l'empirie la plus éloignée de la scientificité, des pertinences paradigmatiques fort utiles cependant contre la perte de cohérence mortifère.

l'hétérogénéité relative à la détermination protocolaire est exclusive d'accomplissement logique. Mais un tel principe ne permet de conclure à une exemption d'acte constituant car il ne vaut qu'à l'intérieur de cet acte et pendant son déroulé. On ne peut isoler un objet catégoriel quel qu'il soit d'une pertinence quelconque, incluse dans la pertinence protocolaire. Ce qui est une paraphrase de la certitude protocolaire qui consiste à nier qu'il puisse y avoir un objet logique terminalement constitué, donc immune de toute appartenance contextuelle. Cette « pertinence quelconque » suscite aussi bien des productions poétiques, ludiques, délirantes, mystiques, que la législation épistémologique relative aux système formels. Tout part de peu de chose.

III - Objet

L'acte constituant consiste également en l'acte d'exclusion de toute pertinence moins une, alors que la matérialité catégorielle est passible de toute les pertinences possibles même celle, ultime et irréductible, propre à tout ce qui existe (au lieu que rien ne soit). En des termes quelque peu mystiques, l'ostension, décrite comme la convergence de toutes ses déterminations contextuelles et de toutes ses appartenances taxinomiques, est ineffable. Et pourtant elle a lieu et cette actuation est individuée, réduite à une seule appartenance à la fois. Ce qui paraphrase l'unéité du logique, et le mode d'accomplissement effectif de la non hétérogénéité. Cette unéité est le garant de la liberté contextuelle, autrement dit la cause de la positionnalité de l'inclusion de la chose logique dans d'autres domaines de pertinence, cette mutation étant continue et liée, même si ce lien et cette continuité demeurent tacites, contrairement au procédé par exemple propre aux figures rhétoriques de la comparaison ou de la métaphore. Et le répertoire de ces inclusions spécifiques est illimité. Toute chose logique matérialise une indéfinitude de pertinences virtuelles.

Cette mutabilité contextuelle de l'ostension, toujours au bord de l'hétérogénéité et de la disparition du sens produit la possibilité de l'expérience pour voir, du test de pertinence, et c'est le seul mode critique de la non dénégation portant sur la nécessité de la permanence quelconque, déterminée par la constance de la pertinence protocolaire. En dehors de sa vérifiabilité, la constance de la non hétérogénéité n'est pas une certitude, seul la nécessité protocolaire est créatrice de cette unéité. Et de la pertinence quelconque (mais une seule à la fois) attribuable à toute ostension. Cette appartenance à un ensemble contextuel consiste elle-même en un travail constituant qui actue toutes les caractéristiques individuantes de l'ostension, de visu ou par description, voire mathématique. La pertinence est un travail. Mode paraphrastique de dire que le sujet existe. Et la mutabilité est causée par l'inaboutissement de ce travail constituant. Lequel est toujours redevable d'un reste non actué. Positionnalité du non dit, du tacite, de l'indicible, du « à dire » ou « à penser » que l'on pense tout de même, et même que l'ont dit.

L'ostension crée le contexte. Autrement dit, un domaine de pertinence requiert un fait logique pertinent et en cours d'effectuation. Et sa spécificité a la même étendue et conceptuelle et temporelle que ce travail d'effectuation. Et cette inclusion praxique détermine la multiplicité des domaines de pertinence, par exclusion agie. Cependant, l'accès à de tels domaines hétérogènes quant à l'acte logique actuel requiert la constitution de l'objet inclus, même s'il s'agit toujours du même support de la matérialité de l'ostension. Car la non hétérogénéité n'est pas un état de choses stable, une situation donnée, mais elle est produite par le travail de constitution du réel logique. Plus pittoresquement, avec une chose nous créons un monde. Mais sans pouvoir nous départir de l'acte de la constituer et sans pouvoir nous déposséder de la chose. Une sorte d'encombrement matériel dans notre envol vers le sens, comme il est, comme il eût été, en dehors de notre activité constituante. Constituer l'hétérogénéité logique produit le réel logique et son unéité. Le sens est un embarras. Ce qui autorise l'image fictionnelle d'un sujet qui fait le sens, qui doit se faire lui-même par la même occasion et qui, source du mode d'existence du sens [1], ne peut pas s'y déplacer, occupé qu'il est à se constituer. En perpétuant l'état de franchissement.

Qu'en est-il des domaines de pertinence en dehors de l'effectuation catégorielle de l'objet inclus nul ne peut le savoir, et pour surmonter cette méconnaissance nous devons y aller voir, moyennant un anticipant catégoriel compatible avec les déterminations qui spécifient ce champ. Car le mode d'existence d'un champ de pertinence consiste en l'actuation catégorielle d'une ostension anticipante, et il n'existe pas de champ et caractérisable et dépourvu de contenu. Même celui identifiable comme l'ensemble vide, ou, en allant plus loin, ce domaine familier aux mystiques aux philosophes aux poètes et à tout humain scient de sa mortalité, le néant. Notre néant est le contenant de toutes les choses absentes, représentables une à une dans un processus d'abolition. Le néant est toujours un « ne pas être » individué. Pour nous, bien entendu, qui en repérons l'existence, le nom, les caractéristiques et le déroulé des incidents constitutifs de son néantité. Le contexte détermine le mode d'être de la chose pertinente, mais n'existe qu'en la déterminant.

La reconstitution de la matérialité contextuelle est

---

[1]   Si on englobe ce qu'il est, corps compris, dans les limites du monde contextuel

intrinsèque au mode protocolaire de constitution du fait logique. L'inaccessibilité du constitué, la perte de la chose ontologique n'est pas un anéantissement, ni une perte indéterminé, perte de n'importe quoi, et le répertoire contextuel n'est pas un fonds, un gisement statique et préalable à toute exploitation où le constituteur du sens actué eût pu librement puiser. Le contextuel requiert l'articulation constituante non seulement pour sauvegarder sa durée, mais aussi pour se façonner et s'individuer. Ce que nous a appris la banalité de comptoir qui dit : chacun a son monde personnel, évidence triviale qu'il convient de ne pas escamoter. Ce dont l'acte constituant provoque la perte, le constitué préalable et le constitué produit, se transforme en contextualité à constituer, dont le mode d'existence logique consiste en l'anticipant en cours de constitution. La non suspension de cette activité créatrice de sens, sa fixité, sa monotonie, son unéité font qu'il y a un monde, même si l'homonomie des mondes entre eux est inconstatable, et relève de la plausibilité, vitale certes, mais exclusive de certitude autre que statistique. Le contextuel provient de l'inaboutissement constant de l'acte constituant. Acte descriptible par réitération continue, et non par prolongation automatique d'une durée et d'un fonctionnement se déroulant en dehors de toute scrutation. Dans le domaine de l'effectuation matérielle du sens, pour le sujet, être et agir est le même.

De cette façon le produit de l'acte logique, condamné à la stricte pertinence, est lui-même producteur du principe de pertinence qui règne dans le domaine de la contextualité. Quelle que soit la richesse putative de ce domaine environnant, rien n'en sortira qui ne soit strictement compatible à la nécessité protocolaire. C'est un pouvoir restrictif, conditionné par la seule alternative d'être ou de n'être rien. D'autant que l'étendue de cet acte constituant en elle-même est indescriptible, et consiste uniquement en l'effectuation d'une perte continue du constitué contextuel, aussi drastiquement restreinte que soit l'image fictionnelle de cette étendue. L'effet d'objet provient de la nécessité constituante et quel que soit l'objet contextuel l'acte constituant dont il est l'anticipant et dont il résulte est inépuisable. Fictionnellement, le monde existe en étant porteur de ce point germinal. Mais sa catégorialité de même, qui requiert ce convertisseur local et ponctuel. Le monde existe en devenant parole ou équivalent de parole. Et son identité est continuellement en cours de constitution. Ce qui est la positionnalité de tous les mondes fictifs, qui auraient échappé à cette péjoration. Surtout les mondes utopiques et scatologiques [1].

Le réquisit, pour obtenir la certification de ces fictions dénégatives serait la disparition instantanée et irréversible de sujet constituteur et de conversion catégorielle en cours. Ou encore, et plus clairement peut-être, faire apparaître un monde contextuellement inaccessible, immune de toute actuation. Ce qui est une contradiction protocolaire, car « faire apparaître » est un acte constituant et soumis à la sujéité. Ou, par tout moyen, y compris l'anéantissement, mettre en pause cette complaisance contextuelle, qui sans cesse s'offre à l'actuation de sa virtualité logique. Car, en imputant une activité à l'entité contextuelle, l'acte d'ostension est continu. Si on veut une chose, il suffit de la créer, il y en a partout, de toutes les étendues, selon toutes les formes de présence et déjà en voie de création dès son repérage. La moindre chose est un fait contextuel tout autant que la plus complexe et la plus étendue [2]. Grain de poussière, particule détectée par l'outillage de la recherche physique, perspective urbaine, ciel étoilé sont identiquement des occurrences catégorielles, ayant valeur d'objet que l'on pourrait identifier par

---

[1] Mais l'inventaire de ces mondes est indéfini, mondes cinématographique, littéraire, publicitaire, touristique, psychotique, onirique etc.

[2] L'étendu extrême attribuable au réel contextuel, est déjà une constitution restreignante, car limitée par le rayon d'action permis à notre équipement sensoriel, même complété par des dispositifs techniques d'observation ou d'écoute. En sens, l'univers est une chose.

le terme de contextualité objectale. La possibilité d'isoler un fait contextuel ayant valeur d'objet est impérative, c'est ce que nous faisons toujours.

Des objets purement catégoriels ou définis selon des critères d'une science spécifique ou d'une isotopie [1] culturelle ou scientifique ne sont pas exempts du réquisit impératif de conformité au possible protocolaire. Ils sont en même temps l'actuation individuée d'un état contextuel et génèrent leur propre contextualité, par le biais de l'effectualité protocolaire. La multiplicité et l'hétérogénéité des démarcations contextuelles est ce en quoi consiste la réalité de la réduction au contextuel de toute opération d'ostension, même celle du plus infime objet singulier. Qu'il y ait une chose et autre chose, et même si « chose » désigne une occurrence contextuelle ayant valeur d'objet restreint, est descriptible seulement si on établit qu'il n'existe pas un objet compatible avec la définition de « une chose », autrement dit un objet logique terminalement constitué. Abruptement, une chose est la transformation d'autre chose, transformation actuellement en cours. S'il y avait une chose, il n'y aurait pas d'autre chose, serait-ce celle qui constitue la

---

[1]   Au sens sémantique, selon Greimas, Sémantique structurale : *Ensemble redondant de catégories sémantiques qui rend possible la lecture uniforme du récit telle qu'elle résulte des lectures partielles des énoncés et la réalisation de leurs ambiguïtés, qui est guidée par la recherche de la lecture unique.*

réitération de la même chose. Autrement dit, rien. À moins que ce rien produise des choses et des contextes.

La pertinence contextuelle nous devance et l'objet quelconque, noyau anticipant de l'élaboration catégorielle (infime ou développée) nous parvient déjà homologué. La positionnalité n'est pas anticipable, elle résulte de la réalité de la position ou de l'effectuation positionnelle. Le critère de possibilité est la narration du mode de constitution d'un possible logique individué, et si cet acte constituant m'est imputé, le fait de le narrer est un acte délocutoire. Nous savons depuis Descartes que même l'objet désignable comme le plus proche de mon ipséité, autrement dit « moi », ne peut être posé, mentionné, décrit, qu'en ce mode délocutoire : « je dis qu'il n'a pas dit qu'il n'est rien, pare qu'il l'a dit » même si ce « il» est paraphrasé en « je » sous forme locutive directe imputée au « je » que j'étais alors. Cet objet ne peut pas être non pertinent parce qu'il n'est rien en dehors du travail de constitution, qui sans cesse le renvoie vers le domaine contextuel dont il est issu. Et en ce sens, l'acte logique peut se décrire selon la fiction d'une boucle constituante, et par image un vortex créateur, quelquefois un morne remous.

La pertinence primitive et inévitable se définit comme l'appartenance à la classe de tout ce qui est quelque chose et non pas rien, ce qui n'est pas négligeable et scelle le destin catégoriel de toute ostension. Car cette qualification consiste en un événement et un travail. Et le fondement du mode d'existence du sujet logique, car qu'il y ait quelque chose à la place de rien est une circonstance redevable de l'existence d'un sujet et consiste en son travail logique. Constituer un objet est définir une pertinence, à l'exclusion de toutes les autres, dont le nombre est indéfini, car le fait de parvenir à un inventaire exhaustif de toutes les pertinences possibles allouable à une chose aurait épuisé le possible logique et franchi la frontière de l'accomplissable, afin d'en constater l'épuisement, ou la complétude. Ce qui, selon la nécessité protocolaire, ne se peut pas. Et en une seule pertinence (par exemple ce stylo appartient à la classe des outils) toute autre pertinence possible est incluse, jusqu'au degré infime de la pertinence, la tangence au pur ontologique, troublée par l'individuation du suppôt de cette tangence, autrement dit, on ne sait pas constater qu'il y a quelque chose et non pas rien car cette chose est individuée, et consiste immédiatement en une ostension, déjà atteinte de détermination catégorielle.

La description exacte de cet état de choses conduit à statuer que la pertinence précède l'objet et se confond avec la condition protocolaire. Et la pertinence n'étant pas une quelconque entité causative et autonome, il n'y a de pertinence que de quelque chose, ce qui impose de dire qu'une pertinence provient d'une autre, d'un mode effectif d'attenance, empiriquement vérifiable, mais aussi statistiquement et expérimentalement. Je n'en reviendrais pas si je constatais que mon stylo flottait dans les airs, devenait soluble, ou m'adressait la parole [1]. Mais je peux le raconter, voire poétiser sur ce thème. De cette façon, toute pertinence est descriptible comme une transformation qui s'effectue dès lors que l'on en établit les critères, par le biais d'exclusions. Pour que cette opération distinctive soit descriptible, il est nécessairement requis de partir de l'altérité comme état de choses initial, la spécificité s'obtenant par un travail, coextensif au travail fondamental de constitution. Par métaphore, voir est classer et la chose provient d'une métamorphose contextuelle. En clair, et rudement, le monde existe.

Selon cette descriptibilité, constituer le fait logique individué est une lutte contre le monde, que l'on perd, à une chose près qui nous préserve de l'enlisement logique et de la réplétion catégorielle. Autrement dit qui permet d'avoir une existence logique, la seul adéquate à ce que l'on peut dire du fait d'être humain. L'actuation du sens consiste fondamentalement en la constitution d'une chose, et la chose en est abrogée et remplacée par ce travail. Rien ne le nécessite dans le plan du créateur putatif, mais l'humain existe en créant la chose et cette

---

[1]   Principe de bien des farces et attrapes, comme la cuillère à café soluble ou le morceau de sucre en marbre.

création l'en dépossède au profit de la catégorialité. On pourrait peut-être avancer la question du pourquoi, ce qui requérait la constitution d'une entité logique consistant en un monde et un sujet encore exempts de détermination catégorielle, ce qui ne peut se faire qu'à l'intérieur du réel logique. La question est donc abrogée par contradiction protocolaire. Nous désirons aller plus loin et nous affranchir de cette détermination obsidionale, désir qui provient du fait que cette exemption est sans cesse imminente, seul y accéder l'abroge. Succinctement, et en scotomisant le fait qu'il y a un sujet, mais en raison de cette existence, le monde est, pour nous, une machine catégorielle.

64ième proposition
La dispersion
Voir le monde est une déportation illimitée

1 - État

Il est possible, il est commun, de dénier la non hétérogénéité d'une occurrence effective de sens, de méconnaître voire délibérément sa qualité taxonomique, et d'en faire l'effectivité d'une eccéité absolue. De telles entités catégorielles sont cependant repérées, désignées, décrites, et leur effectualité est narrable. Autrement dit leur constitution les dénie, par contradiction protocolaire. La positionnalité, tout autant que l'infirmation de ces impossibles provient du mode de constitution du fait logique réel. Car constituer le fait de sens n'est pas un automatisme inscient. C'est une réalité logique, donc susceptible de catégorialité narrative. Plus platement, ça se sait, ça se dit. Ou encore « nous savons que nous le faisons et comment ça se déroule». La paraphrase déniante catégorise cette imminence de cessation de la fonction protocolaire par la fiction de son inexistence. Car tout ce dont il peut être fait mention est strictement interne au domine du logique. L'impossibilité provient de la stricte coïncidence du possible et de l'inchoatif, lors de l'actuation effective du sens, et cette coïncidence stricte

- 166 -

semble à tout moment dissociable. Mais le fait qu'il y ait une limite au possible logique n'entraîne pas qu'il y ait extériorité. Succinctement, le sens finit où il commence et son effectuation ne franchira pas cette borne constituante. Ce qui autorise aussi à stipuler qu'il commence partout.

Le mode d'accomplissement du travail constituant, au bord toujours de sa propre inexistence tout autant que celle du domaine de l'effectuabilité matérielle du sens suscite le dessein de chercher ailleurs, dans le vaste domaine de la virtualité de l'effectuation de sens ou dans le vaste domaine des entités logiques terminalement constituées ou dans l'immensité d'un domaine fictionnel qui serait vide de sens, exempt de fonctionnalité logique. Où qu'on aille, deux conditions sont rédhibitoires pour l'accomplissement de cette impossibilité : l'acte constituant d'un sujet, même de ce qui existe déjà, et l'existence attestée d'un objet ayant fonction d'anticipant, lequel consiste en un commencement. Et cet état de choses est indissoluble, même si sa possibilité d'accomplissement illimitée et aléatoire est une borne et fondatrice et indépassable de l'acte d'effectuation matérielle du sens. Si on personnalisait cette fonction inchoative, on pourrait imaginer une entité toujours aux aguets, toujours prête à couper la voie au désir de franchissement de la nécessité protocolaire. Car un tel franchissement rendrait effective l'imminente cessation du possible logique, et une telle situation serait exclusive d'acte constituant. En clair, et platement cela ne serait pas. Et c'est le cas.

L'incompatibilité radicale entre suspension de l'effectuation matérielle du sens et existence du logique est une incarcération fonctionnelle (ou, mieux, vitale) bâtie par l'acte même d'en sortir, car ce n'est pas un état de choses fixe et descriptible, mais le résultat d'une action constituante, serait-ce celle qui consiste à la décrire. Cette action constituante n'est pas exonérée de cette condition de non suspension, autrement dit elle n'est rien en dehors de son effectualité actuelle. Ni avant ni après ni simultanément. Comme toute chose repérable est dans le sens et comme être dans le sens consiste à relever de la catégorialité, ces trois néantités logiques sont dicibles, illustrables par des représentations descriptives et narratives, car le mode d'effectuation catégorielle cause la positionnalité de l'impossible, que seul son effectuation abroge. Fonction à laquelle conviendrait la désignation d'immanentisation fictionnelle de l'impossible. Ce qui recrée toujours la même claustration protocolaire. De cette façon, le rôle du sujet logique serait également de surveiller son territoire, de dépister l'impossible et de le siffler pour qu'il rentre au bercail. N'étant plus le berger de l'Être, laissons l'humain devenir le chien de garde du possible. C'est sa fonction essentielle, car il ne manquera jamais de matière à immanentiser et ce possible conditionne absolument sa propre existence de sujet. Matière précaire, contingente, aléatoire, mais inépuisée, jamais manquante, comme une sorte de fonds contextuel illimité. Éternel tant que dure l'actuation matérielle du sens. Éternel ou nul car il sera nul dès qu'il cessera d'être éternel.

La positionnalité non plus n'est pas descriptible comme une entité causale et transcendante, la positionnalité du possible étant déjà effective sous forme d'anticipant contenant les limites du travail de constitution catégorielle. La positionnalité de l'impossible est la paraphrase déniante de l'impossibilité que l'accomplissement effectif abroge. En quelque sorte, une récupération de déchets, ou un sauvetage d'entités conceptuelles qui le méritent, même inarticulables, dans l'ordre de la fiction et de la poésie identifiées comme telles. Le logique se produit totalement de l'intérieur, et c'est l'occurrence catégorielle qui cause la positionnalité, indescriptible en tant que virtuelle, car déjà effectuée, d'emblée, en mode anticipateur. Le mode actuel étant inaccessible à toute intervention constituante et à la simple connaissance, qui est un acte constituant. Même l'anticipant s'accomplit en se passéisant, autrement dit en devenant substrat à catégorisation, ce qui consiste en un nouvel acte logique. Toute positionnalité est de fait, et une sorte de science ou de méthode générale du positionnable est une contradiction protocolaire. Plus abruptement, dans la langue de la plus modeste et la plus tautologique des empiries, il faut quelque chose pour qu'il y ait quelque chose.

En d'autres termes, et en s'essayant à une certaine technicité minimale, la raison ontologique détermine la raison logique, mais n'existe que par le biais de la constitution du fait logique. Cette boucle qui pourrait sembler aporétique résulte du simple fait que quelqu'un sait quelque chose ou avance quelque chose au sujet de ce primat de l'ontologique. Ce qui nous déporte instantanément du domaine de l'ontologique et nous enferme dans l'immanence catégorielle, qui doit sans cesse être refermée. Toute chose consiste en une reconstruction catégorielle, ce qui cause la positionnalité de l'état primitif, avant l'atteinte logique, voire la souillure « doxologique », à laquelle seul l'abolition du sujet pourrait porter remède. Et des suppôts de l'Être n'hésiteraient pas à procéder à cette ablation salvatrice. Ce sacrifice de la chose en tant que support de déterminations exclusivement ontologiques ne l'anéantit pas, car l'objet de ce sacrifice est nécessaire à l'acte constituant, qui consiste justement en l'effectuation de ce sacrifice. Et si l'impossible le devient en raison de son effectuation, cette effectuation le requiert pour simplement avoir lieu. On a fait mention du

« mangeur d'opium » [1], ce qui invite à la comparaison suivante, le sujet logique est un mangeur d'impossible [2].

Il est de même un laborieux, constant et tenace producteur de totalité, car il ne baigne pas dans l'étendue océanique de l'effectuabilité logique, il en cause continuellement la non-inexistence. Et le désignant de cette situation serait encore la formule de la non dénégation : [non(non totalité)] ce qui est réel seulement lorsque cela advient, moyennant un travail constituant. L'indescriptibilité de la suspension n'exonère pas cet acte de la contrainte inchoative, autrement dit la postulation de cette création de totalité comme un état de choses produit une fois pour toutes et autonome quant à son effectuation est une contradiction protocolaire car une telle assertion est un acte constituant et créateur de la situation dont elle postule la fixité et l'autonomie, par l'exemption de détermination protocolaire. Laquelle consiste toujours en un retour, un rétablissement, à partir de l'imminence de ne plus exister qui la détermine et la rend continuellement inchoative. De cette façon, créateur de totalité, d'absolu et d'affirmation inconditionnée, le sujet est le modèle de tout savoir divin et de tous ses analogons. Le mort en fait autant, quoiqu'en pure perte.

---

[1]   Confessions d'un mangeur d'opium anglais de Thomas de Quincey

[2]   Un item de cette pitance, le propos « je dis que je ne suis rien et je le dis cependant » servi par le Génie très puissant à Descartes, qui ne mangeait pas de ce pain-là. Comme on sait.

Les simples choses, posées en leur choséité la plus réductrice sont une énonciation, du fait qu'elles sont et en raison de toutes les déterminations contextuelles qui la spécifient. Et un inventaire de toutes les catégorialités implicites en cette ostension et outre les catégories classiques [1], est illimitable. Même pour celles qui ne relèvent plus de la stricte empirie, ou de l'entente contractuelle, mais du constat scientifique, expérimental, l'énonciation au degré infime du constat qu'il n'est pas vrai que nulle chose ne soit, est inséparable de l'ostension quelconque. Et ce degré irréductible d'énonciation est inabrogeable. En des termes modestes, nous causons avec (moyennant) le monde. Et c'est le seul mode d'existence de l'ontologique, qui requiert ce démenti infligé au néant et dont la conversion catégorialisante est le seul mode de manifestation péjorante pour l'humain avide d'Être, jubilatoire pour l'homme qui, poète, se plait à nous montrer cette perte et ce qu'elle produit. Le dessein de réduire le perception des choses et du monde à la stricte objectivité réductrice voire obtuse accomplit également cette tentative d'affranchissement protocolaire, affranchissement, autrement dit, d'humanité.

La nécessité inchoative atteint même les énoncés qui résultent de sa dénégation. En tant que paraphrases

---

[1]   Bien connues de tout bachelier, substance (ou essence), quantité, qualité, relation, lieu, temps, la position, possession, action, passion

contradictoire de leur impossibilité, ils résultent de l'impossibilité de lacune dans le possible logique. Même quand il est question de la constitution d'un objet exclusif de descriptibilité repéré dans un domaine extérieur à l'actualité constituante, ou provenant d'un acte de constitution qui ne le dépouille pas de son extériorité et même de son extrême extériorité, lorsqu'un tel objet apparaît comme dépourvu de toute qualification, à l'image de la substance exempte de modes ou accidents que nous présente Descartes [1]. Nulle prescription ne saura interdire la production de tels objets et de tels énoncés. Même si la critique protocolaire en fait apparaître la nullité logique, ils peuvent survivre à cette épreuve en s'incarnant en des formations fictionnelles ou poétiques. Mais aussi doctrinales, dénégatives de leur propre nullité. Et ceci par tous les moyens, par la destruction quelquefois du témoin de cette nullité. La positionnalité de ces impossibilités, auto annulantes ou destructives, provient de l'impossibilité de l'existence du non logique, même si l'inclusion dans cette catégorie dépourvue de contraire profite à l'impossible, seule modalité de l'inexistence logique. Qui doit cependant se constituer. L'impossible

---

[1] Méditation Troisième : *celles [idées] qui me représentent des substances, sont sans doute quelque chose de plus, et contiennent en soi (pour ainsi parler) plus de réalité objective, c'est-à-dire participent par représentation à plus de degrés d'être ou de perfection, que celles qui me représentent seulement des modes ou accidents.*

s'impossibilise selon la détermination protocolaire. Dans le domaine de l'effectuabilité matérielle du sens il n'y a de manque que sous forme de comblement actuel.

Et lorsqu'un fait logique est en cours de constitution cet acte constituant est contraint (sous peine d'annulation) de respecter la conformité globale à la condition de possibilité logique, qualifiable comme protocolaire car la constitution du sujet est intégrée en cet acte de constitution. Et cette réalité protocolaire est immédiatement d'ordre contextuel, en raison de sa matérialité, à moins qu'il n'existe une « âme », ce «quelque chose extrêmement rare et subtile, comme un vent, une flamme ou un air très délié, qui était insinué et répandu dans mes plus grossières parties. »[1] ce qui est exclusif de repérage, de désignation, de description ou de narration. L'illimitation de la contextualité concerne aussi bien les limites de l'univers que le point le plus interne de la corporéité du sujet. Autrement dit, rien ne reste en dehors, rien ne se rétracte au-dedans. Il n'y a pas d'au-delà du monde qui soit dicible, mis il n'y en n'a pas davantage d'en-deçà compatible avec un repérage, une désignation, une description, une narration. Et la fiction d'un noyau entre les deux ne réfère qu'une fonction constituante, et nullement une faculté

---

[1]   Descartes, Méditation Seconde

ou un contenu « productif », qui ressemblerait à la fiction de l'homoncule caché [1].

De cette façon le domaine supputable de l'effectuabilité matérielle du sens n'est amputé d'aucune zone, région, parcelle, ce qui est constitutif de la qualification d'unéité et de totalité, qui sont ici deux notions fonctionnellement synonymes. La positionnalité de cette intégrité, plus exactement de cette non restriction, inscrutable mais constatable lors de l'actuation quelconque du sens, consiste en la nécessité protocolaire de la non interruption de ce travail d'actuation, nécessité protocolaire qui vaut déductibilité. À cette réserve près, qu'une telle totalité n'est attestable et nécessaire que le temps que dure cette non interruption, qui peut être abrogée et qui le sera, selon l'extrême plausibilité de l'anticipation scientifique. Mais il est tout autant plausible que nul ne sera là pour l'expérimenter. L'état de totalité n'entraîne pas une possibilité effective de totalisation, ni absolue ni seulement représentée par une réalisation restreinte. Une telle représentation consiste en une paraphrase dénégatoire de la double négation qui constitue et borne la possibilité d'attestation de totalité, à savoir la [non(non totalité)], certitude strictement coextensive à l'acte logique constituant. Cette totalité étant à chaque fois spécifiée, en tant que champ de pertinence, et cette

---

[1]   Illustrable (à titre d'exemple) par les images triviales de l'inconscient, de l'intuition, de l'inspiration artistique, voire de la foi.

restriction n'est pas un état de choses fixe et descriptible comme tel, mais consiste en un travail, un événement protocolaire.

L'acte constituant étant inexhaustible son effectuation inaboutie produit l'altérité constante du réel catégoriel, même lorsqu'il consiste en un acte de clôture, dont le seul constat consiste immédiatement en son échec. En quelque sorte, et selon une rhétorique narrative, constater en quoi consiste un fait catégoriel terminalement constitué en réitère la constitution et rétablit son inachèvement. De cette façon un fait protocolairement pertinent n'est à aucun moment isolable de la totalité de l'effectuabilité matérielle du sens [1]. Même une entité nominale relative à une actuation strictement individuée paraphrase le fait que l'échec à l'individuation absolue est toujours une anticipation et une virtualité, ce qui est la positionnalité de l'entité contradictoire que désigne en propre un lexème nominal. Le nom propre consiste en une opération de remédiation de l'échec de cette impossibilité protocolaire, ce qui est obvie lors de la substantivation de formes verbales ou la majusculation de noms communs. Mais les techniques

---

[1] Tout champ requiert un « chef de pertinence » effectué, un accomplissement local qui, exclusif de commencement ad nihilo et de constitution terminalement achevée, consiste lui-même en une formation de champ, descriptible comme la constitution de la catégorialité compatible avec son anticipant, un travail local de rejet d l'hétérogénéité. Il n'y a donc que champ, si on se soumet à la descriptibilité intrinsèque du fait logique, et aucun champ ne se clôture.

rhétoriques et surtout paraphrastiques d'affranchissement de la limite protocolaire sont innombrables.

Et bien entendu, elles se déroulent dans la limite assignée par le possible protocolaire, ou nécessité instrumentale. On ne peut que le nécessaire, et ceci inclut l'impossible ou le « nécessairement impossible ». On peut ce à quoi on est obligé. Tout se restreint à ce qui est suffisant à ce qu'il y ait du sens, sans débord ni multiplicité [1]. Et le déterminisme préalable est exclusif de position car le « causé » requiert un acte constituant et créateur pour avoir lieu, et la contextualité qui détermine le prime commencement de la série causative la rend initialement aléatoire. Cette soumission au possible n'est pas « a priori » elle résulte de l'acte actualisant, et de toute façon la stipulation portant sur cette qualité aprioristique devrait avoir lieu en dehors du labeur ordinaire de constitution logique, en deçà, au-delà, dessous, dessus ou tout autour, selon le florilège arbitraire de la désignation d'une non localité, dont la production est cependant soumise à la condition de localité. La multiplicité du catégorisable, malgré le goulet de la condition de localité (donc

---

[1] Pas de débord, pas de sortie vers le vide, toute sortie conduit à la constitution d'un autre champ et cette transition est toujours possible, si le logique ne s'anéantit pas et aussi longtemps que cette anéantissement n'est pas survenu. Ce qui oblige à stipuler que tout champ peut se convertir en un autre champ, et que cette perméabilité tient lieu de totalité ou de sauvegarde, agie, de son illimitation. Et, sauf création instantanée et ex nihilo, tout « champ » est un autre champ.

d'unéité) provient de l'impérieuse impossibilité de délimitation terminale d'un domaine de pertinence quelconque, et de l'impossibilité d'existence d'un item catégoriel qui ne soit pas un chef de pertinence quel qu'il soit, même réduit à l'infime degré (et le plus irréductible) de la pertinence ontologique que rien ne transgresse. Fixer un domaine de pertinence, un « corpus » scientifique par exemple consiste à travailler sans cesse à l'établissement de sa non hétérogénéité.

L'identification d'un chef de pertinence précède et produit la délimitation d'un champ, et ceci est valable pour toute l'étendue et pour toute la durée d'existence de ce champ. Réciproquement, nul objet catégoriel n'échappe à une pertinence logique spécifique, et cette exclusion est constitutive de la totalité privative (limitée au possible) du domaine du logique, définissable comme l'étendue phénoménale de l'effectuabilité matérielle du sens. L'autonomie d'un fait catégoriel est indescriptible sauf pour un sujet vierge de toute trace d'effet catégoriel, autrement dit un non-sujet, une pure virtualité strictement vide, une virtualité sans anticipant, une virtualité de rien. Et exonéré de toute contrainte inchoative. De cette façon l'acte constituant ne produit pas un objet, mais permet la formation d'un champ spécifié moyennant le rejet actif de l'hétérogénéité, toujours imminente. Ce qui autorise la modification de la formation de champ, qui même décrite (ou expérimentée) comme discontinue est toujours enfermée au moins dans la continuité de la réception sensorielle. Si mon attention saute brusquement de la contemplation des nuages au fracas subit de vaisselle cassée, la continuité sensorielle relie les deux champs perceptifs (et donc sémantiques), même sans passer par une morphose cinématographique, onirique ou délirante.

On ne voit [1] que ce qui se constitue, et le possible constituant est inaccessible à un acte de limitation. Car l'accès au domaine susceptible de limitation est reporté par l'acte même en lequel consisterait cette accession et de cette façon la situation constituante illimite le domaine de l'effectuabilité matérielle du sens. En effet, lui assigner une limite consiste en l'actualité de l'effectuation logique, le « champ écran » en lequel consiste toute la vie de cette illimitation fonctionnelle, la seule compatible avec la qualification de totalité. Par cette restriction protocolaire nous sommes réduits à la pertinence, car la formation logique, ostension ou énoncé [2], est produite en même temps que son champ de pertinence, produit par la réduction de la totalité virtuelle à son analogon actué, qui en consistant en une

---

[1]   Encore selon la métaphore scopique incluant toute forme d'ostension

[2]   Si dans l'ostension « brute » il n'y a pas un énoncé implicite on ne comprendra jamais comme il se peut qu'il puisse y avoir et ostensibilité et énoncé. La catégorialisation est immédiate irréductible irréversible et indépassable.

suspension circonstancielle de totalité en même temps l'actue et l'illimite. La réalité de cette pertinence consiste donc en un acte constituant, qui contredit la virtualité constante d'une existence du sens sans restriction protocolaire, coïncidant avec la totalité virtuelle de son effectivité. Cette négativité portant sur l'impossible (protocolaire) est la positionnalité de cette entité logique exempte de limites constituantes, que cet affranchissement porte sur des limites locales, régionales ou périphériques. La fabrique de ces ersatz de totalité sans sujet ne manque pas de dispositifs productifs. Alors que, hormis l'instantanéité, nous y sommes continuellement, au sein de l'acte constituant.

L'inchoativité consiste donc ici à actuer l'existence de cette totalité non seulement virtuelle, mais de droit, et la raison de la possibilité de sens consiste en cette absence de restriction de sa virtualité spécifique. Autrement dit la certitude de l'inexistence d'une zone du sens qui nous serait inaccessible ou qui nous serait accessible par un autre biais que celui du travail constituant inclus dans une ostension anticipante. Trouvé, surpris, reçu, cueilli pour ainsi dire, voire sur le fameux arbre du jardin de l'Éden. Et l'espace publique grouille de serpents de toutes tailles et de toutes confessions qui sans cesse nous y incitent. Cela existe certes, en n'existant plus au moment même où on le fait exister, et en raison de ce même acte. Et son existence consiste en cette abrogation protocolaire. Mais, maîtres dans l'art de détourner le regard de la nudité du père et d'ignorer l'abolition protocolaire, nous accueillons ces dons creux et nuls avec avidité et gratitude. L'acte local constituant ne soustrait rien à cette totalité dont il est l'actuation, car de la même façon que selon Descartes on ne peut pas concevoir (disons décrire sans tomber dans l'inarticulable) une moitié d'âme, cette totalité n'existe qu'en tant que telle, et ce qui se constitue actuellement en actue justement le tout. Nul contenu catégoriel n'existe en tant que constitué, et, réduit à l'acte constituant, il n'a pas de contenu propre à défalquer de la virtualité totale. Par figure, le sens effectué est le visage de la totalité logique, jamais avare d'ostension anticipante.

Mais à l'abri d'un constat exempt de condition constituante. Sauf à agréer l'image descriptive et narrative qui incite à y aller voir pour en vérifier la cohérence, ou à en établir la pertinence par voie comparative. Qui peut comparer un « état de totalité » et le contenu de la séquence constituante, le fait logique en cours de constitution, et qui peut se demander sans annuler et la question et sa source : « qu'est-ce qu'il y a dans cette totalité » ? L'inépuisabilité logique produit la fiction d'une fourniture constante d'anticipants, issus d'une totalité conçue comme un réservoir inépuisable, une corne d'abondance, voire une boîte de pandore logique. Or si ces anticipants sont bons pour faire du sens, cela tient au dispositif protocolaire qui les réduit à la pertinence logique compatible avec l'acte constituant. Le sujet logique est essentiellement un rasoir d' Ockham ou un Procuste malgré lui. Ou, plus socratiquement, un accoucheur de possible. Réduits à ce que nous constituons, nous avons juridiction pleine et entière sur tout le sens qui peut avoir lieu, et qui aura eu lieu, en fin de compte. Car nous sommes seuls.

Cette [non(non totalité)] est produite et constatée seulement par le biais de l'actuation en cours de n'importe quelle virtualité de sens. Nulle vérification directe n'est descriptible ni anticipable, mais toute actuation logique est un accomplissement effectif de cette double négation. Néanmoins le fait que cette actuation de sens soit incompatible avec un aboutissement terminal et une suspension crée la positionnalité imparable de cette totalité et de son accessibilité constante. Ce qui est un équivalent fonctionnel d'éternité et d'illimitation, qui vaut pour toute la durée de l'existence d'un sujet logique du logique. Cette impossibilité de suspension inclut l'impossibilité d'annulation de ce qui a eu lieu, quand on sait que cela a eu lieu. Autrement dit, dire de quelque accomplissement logique, quel qu'il soit, « cela n'est rien » est une impossibilité protocolaire. Cette incarcération ontologique, susceptible d'être envisagée comme une damnation ou comme une bénédiction ne résulte pas d'une émanation venue de l'être ou du saint esprit, mais de la condition protocolaire qui régit l'actuation matérielle du sens. Il se peut que je ne sois rien, mais cela je ne peux ni le dire ni « le concevoir en mon esprit », ni l'apprendre d'autrui, sans en produire l'abrogation.

Car non seulement ne puis-je dire que je n'étais rien quand je l'ai dit ou pensé, mais encore je sais que j'étais alors parce que je sais que j'étais quelque chose, autrement dit que cela, que j'étais, participait d'un principe de pertinence. Et la pertinence est impérative, ce qui exprime sous forme de principe la simple restriction matérielle et mécanique intrinsèque à la condition protocolaire, qui nous réduit à ce qui est compatible avec son mode d'exercice. On ne peut en connaître que de la pertinence protocolaire, même lorsqu'il s'agît d'un exercice constituant servi par une technologie très élaborée d'observation et d'épreuve. La pertinence protocolaire est et fondatrice (« cela est », ou [non(nulle chose)]) et réductive car il ne s'agît jamais de constater seulement : « ceci est » mais : « ceci en est », l'individuation étant irréductiblement taxonomique (la catégorialité ne peut être primaire). La pertinence ontologique est de cette façon médiatisée par l'individuation protocolaire, un travail d'identification et de reconnaissance, et nullement l'infliction à un sujet d'une surrection primaire et absolument inédite. Que quelque chose soit consiste en une ostension qui est une inclusion, créatrice et de sa propre spécificité et de sa propre valeur taxonomique. Il est très facile de voir naître le monde.

II Processus

Cette inchoativité contextuelle provient de la condition protocolaire, dépourvue certes de toute juridiction ontologique, mais nantie d'une juridiction illimitable en ce qui concerne l'étendue logique de ce qui existe par ailleurs. De cette façon, si tout n'existe pas, ou s'il est protocolairement possible de délimiter ce qui existe et ce qui n'existe pas (en jouissant d'accessibilité au domaine de ce qui n'existe pas), rien ne peut exister. N'y ayant pas de palier neutre ni vide antéposé à cet effet de logicisation contextuelle, pour un sujet logique exister est créer un champ de pertinence et ce travail est irréductible irréversible et indépassable. Car pour son acte constituant le plus élémentaire, le plus atomique, le plus irréductiblement circonscrit au minimum de fonctionnalité requis par le mode catégoriel d'existence du fait logique, depuis la plus primitive des

ostensions [1], privé de limites et initiale et terminale, les termes de
« champ » ou de « domaine » sont pertinents quant à la durée,
quant à la matérialité, quant à l'étendue. De cette façon, « une
chose » est un champ constituant qui confirme et produit
l'illimitation du possible logique.

Ce qui perpétue la fonction inchoative, qui n'est pas
discernable de la fonction protocolaire (ou « praxique » par
réduction du protocolaire au seul acte productif) ni assignable à
un instant pré-initial muni d'un dispositif producteur. Il y a
identité entre commencement et constitution, et ceci à tout
moment. Sans sombrer dans la fiction actualiste d'un présent qui
se prolonge en tant que présent, cette inchoativité est la
continuité inéluctable et jamais statique de l'opération
constituante. Qui procède à l'intérieur d'un état contextuel,
lequel inclut l'inchoativité. Cette constitution de champ est
immédiate, et toute pertinence catégorielle est une pertinence
taxinomique. Cette constitution est donc un parcours constituant

---

[1]   Ostension dans la production de laquelle il est partie prenante, car l'ostension ne précède pas sa perception. Balint répertorie un grand nombre d'occurrences de cette forme infime de l'ostension, matérialisée par des symptômes organiques, par exemple une éructation involontaire, imputées quelquefois à des régions du corps où l'organe incriminé est absent. (... *de plus le patient était malin et il créait des douleurs à des endroits où il n'y avait pas des « organes »*. <u>Le Médecin son malade et la maladie,</u> Petite Bibliothèque Payot 1966 page 38.)

inépuisé, descriptible autant selon le modèle syntagmatique (je prends mon petit déjeuner selon l'ordre de mon comportement matinal coutumier, mettre le couvert, préparer le café, beurrer des tartines etc.) que paradigmatique (j'utilise un objet de la série des récipients alimentaires adaptés à un contenu liquide, tasse, bol, mug, verre, écuelle, etc.). Cette contextualité est actuée en mode inchoatif, mais selon une inchoativité constante et continue. Corrélative d'une action propre au sujet (ou d'une « égoïté constituante ») aussi constante et continue même lors d'une crise de sidération ou de stupeur transitoire. L'homme est dans le monde et il est dans le sens. Mais il trime.

De plus, l'accès et l'implantation dans le champ de l'effectuabilité matérielle du sens lui est interdit, car il n'y est qu'en tant que facteur constituant, et son acte constituant le sépare de la jouissance inerte de son produit logique. Et cet acte constituant ne précède pas un instant de pure réception de son produit, même si cette privation peut se paraphraser en projet et en désir assorti d'un comportement dénégatoire de l'acte constituant. La pure contemplation par exemple de n'importe quoi. Ou d'un « ready made » artistique , d'une icône sacré, de la relique d'un saint, de l'être aimé ou du cher défunt, qui soutiendrait cette mimique. Car l'opération constituante actue un anticipant, et est comparable bien plutôt à une enquête qu'à une simple observation. Le champ en lequel consiste la matérialité de ce travail constituant ne se constitue pas par petits bonds et petites additions, il est d'emblée sous forme d'anticipant à constituer. L'inchoatif consiste immédiatement en une anticipation, comparable à l'inspection vitale qu'un animal, autant qu'un humain en situation de survie, exerce sur ce qui l'entoure pour en anticiper les bienfaits ou les dangers. L'articulation darwinienne est ici encore pertinente. La scrutation créative est en même temps une recherche indiciale. De cette façon le champ en voie de constitution requiert lui-même une forme de pertinence contextuelle, concernant la virtualité illimitée du possible, que seul son actuation réduit. Et ce possible inclut l'anéantissement, genèse aporétique de la totalité.

Car la pertinence logique ne peut être partielle, ni concerner un zone (quelle que soit la définition exacte de cet objet) du possible logique. Sa pertinence est totale , autrement dit tenue de convenir à toutes les déterminations spécifiantes du domaine du logique. Totalité postulable par double négation [1] mais inassignable et inatteignable tant que persiste l'obstacle constituant en lequel consiste l'actuation de sens en cours d'effectuation. Condition de pertinence indéniable et diffuse, ou, poétiquement ou presque, une pertinence fantôme. Plus

---

[1]   [non (non totalité)]

exactement, cette condition de pertinence illimitée se manifeste mais médiatisée par le travail constituant, qui peut consister en la production fictionnelle de son accessibilité directe, consistant par exemple en une quelconque sorte de « pertinence ontologique » directement accolée à quelque chose comme « l'Être » ou de pertinence mystique, adossée à une entité déifiée, ou de pertinence utopique, relative à une description de ce que doit être l'être humain et son monde (même obtenue par une préalable destruction, partielle ou totale et de l'être humain et de son monde). Même si la pertinence ontologique ne peut être déniée, en ce sens qu'il ne peut pas se vérifier que quelque chose n'existe pas, cela se passe toujours moyennant la constitution logique d'une chose déterminée. Autrement dit, de la catégorialisation d'une effectivité ontologique. Cette séquence n'est ni descriptible ni vivable, et le « moment ontologique » s'il n'est pas inexistant, a une réalité catégorielle. Cette conversion, irréversible comme un perpétuel frayage, est un processus continu dont seul l'aboutissant (non terminal) est effectif. Cette totalité indéniable et inéffectuable est une totalité privative attestée, créée, et confirmée par la pertinence constituante. S'il est infiniment plausible que les conditions d'établissement d'une ultime pertinence seront réelles, celle-ci nous sera inaccessible, car requérant la terminalité effective et intémoignable de l'actuation du sens. Ce manque (différent de la stricte inexistence incognoscible) est rel et constant, car le support de pertinence, le réel logiquement constitué, est mouvant et en cours de constitution. Nous ne saurons jamais si en fin de compte le sens était sensé, ni quelle est la raison du sens. Le même empêchement empêche de stipuler (sauf en mode apophatique) l'unéité du logique. La pertinence est circonstancielle, la pertinence absolue ne sera jamais établie. Nous sommes réduits à la pertinence protocolaire, pertinence *par provision* en attendant que l'agent constituant qui l'établit et la perturbe disparaisse entièrement. Et on pourrait saura alors de quoi il retournait, dès l'instant qui suivra exactement notre totale disparition.

En attendant, et en raison de cette pertinence locale en cours d'actuation tout est analogon du champ total, car d'emblée l'alternative absolue est d'être ou de ne pas être, pour l'effectualité logique. Avec une seule résolution, pour nous, aussi longtemps que nous existerons. Cette impossibilité de non logique que produit l'acte constituant est ce en quoi consiste protocolairement le cliquet ontologique. Et la production de cette impossibilité de dénégation est sans limite. Illimitation exclusive et de dénégation et de vérification directe. Produite par le travail constituant local, qui consiste en un analogon de champ exempt de limitation assignable, lequel serait intrinsèque à un exploit de complétion et terminal et dépassé. À cet état de choses protocolaire convient le terme de « totalité actuée », indépassable car toujours en voie de constitution. Qui sera dépassée une fois épuisée totalement l'aptitude constituante du sujet, ce qui rend indescriptible (ou convenant uniquement à une description inarticulable) son acte de dépassement et de scrutation, tout autant que son existence. Cette confirmation privative de l'illimitation de l'effectuable soutient deux certitudes, intrinsèques au travail de constitution de ce perpétuel analogon de tonalité. Premièrement, ce qui apparaît ainsi, en se constituant, est tout ce qui, de l'effectuabilité du logique, aura eu lieu, et aura pu avoir eu lieu. Ce qui incarne (ou matérialise) la différence entre totalité et totalité actuée. Ensuite, l'échec à constituer un état de choses logique limitable, ou pensé comme limité, ou descriptible comme limité, au sens de limitation terminale et absolue. La réalité de cette totalité privative consiste en ce fait que l'actuation effectuée du sens consiste toujours en tout ce qui a pu s'effectuer, quelle que soit l'indétermination propre au moment imaginaire qui précèderait cet accomplissement, indétermination absolument annulée par cette effectuation. Cette incapacité à totaliser est relative à la contrainte à totaliser, autrement dit tout demeure toujours à faire. Caricaturalement, tout le sens que l'on aura pu avoir effectué ne retranche rien à l'étendue du sens encore effectuable.

Une description en compréhension (ou, dans une autre terminologie, « syntagmatique ») détermine cette totalité actuée comme un travail d'exclusion de l'hétérogénéité toujours imminente. Et requérant un saut, un hiatus, un instant de vide protocolaire. Non-hétérogénéité qui doit être produite, la pertinence devant consister en une non-hétérogénéité, cette séquence exclusive étant frappée d'absolue irréversibilité, contre laquelle bien des outils conceptuels sont en mesure de procéder. Et c'est leur échec qui réédite le mode ordinaire de production de la non hétérogénéité. Même la fameuse rencontre entre un parapluie et une machine à coudre sur une table de dissection imaginée par Lautréamont n'échappe pas à toute une convergence de critères de pertinence et de cette façon sa production opère selon une syntagmatisation de l'incompatibilité instrumentale, ou présente des items d'une mise en vente après saisie, par exemple, mais un linguiste, un psychanalyste, un historien de la littérature (expliquant par exemple les origines du surréalisme) y trouveraient encore d'autres clés de pertinence. Et même le produit d'une verbigération incongrue est déterminé par des formes de pertinence phonétique, lexicale et même syntaxique. De la pertinence, « il y en a toujours ». Mais moyennement leur actuation uniquement. Par image, le sujet est constamment chassé vers un cercle de la pertinence. Et même son cadavre n'en sera pas affranchi, dépouille, poussière, humus, bol alimentaire, cendre, gaz, il ne quittera jamais la Terre [1], ni le cercle du sens.

Cette chose, comme toute chose, étant d'emblée ostension (forme effective de conversion irréversible de l'ontologique en catégoriel) consiste en un travail productif de pertinence, ou de non hétérogénéité. Autrement dit, d'articulation contextuelle, de compatibilité protocolairement obtenue relativement à toute autre possibilité de champ de pertinence. Car il n'y a que mutation de champ, contrecarrée ou non. La non hétérogénéité est un travail constant. C'est la positionnalité de toutes les analogies contextuelles qui soutiennent la créativité scientifique, mais également la productivité magique ou l'éloquence mystique, et tous les autres cas de culte ou d'exploitation d'analogies contextuelles, présentées comme des révélations ou des indices d'un ordre translogique [2], voire « trans-scientifique ». Tout autant que dans le domaine de la réclame, qui nous propose par exemple des « lotions capillaires quantiques ». Or, aussi longtemps que durera le travail constituant de non hétérogénéité, ou de syntagmatisation constituante, il y aura analogie universelle. Il y a toujours analogie, dès lors qu'il y a actuation matérielle du sens,

---

[1]   Même dispersé dans l'espace inter planétaire. Il sera alors un fragment de la Terre.

[2]   cf. Jacques Bouveresse <u>Prodiges et vertiges de l'analogie</u> Éditions Raisons d'agir 1999

et de proche en proche on s'arrêterait aux deux extrémités de l'ordre analogique descriptible, indéniables quoique peut opérationnelles, la pertinence ontologique (car nulle chose n'est dépourvue d'être), et la pertinence cosmique (rien ne déborde de l'Univers même si on le désigne et décrit comme « Métavers »). La pertinence logique individuée est la situation première, constante, indépassable et irréductible.

Le sujet l'apprend par expérimentation relative à l'altérité, et cette manifestation de l'altérité est produite par l'acte constituant, qui consiste en un constat de pertinence. Si cet acte constituant est une forme d'auto-reconnaissance, il est indescriptible sous forme d'instantanéité. La connaissance de l'acte logique implicite dans l'acte constituant consiste elle-même en un acte constituant, et la stricte anamnèse ne comporte pas de certitude quant à l'identité entre sa production et son objet. L'épreuve protocolaire de pertinence est ce en quoi consiste la compréhension par le sujet de sa propre action logique. Dont on doit dire qu'elle est sans garantie d'exactitude. Or, il y a homologie entre compréhension et traductibilité. Dans ce deuxième cas, quant à la relation du traduit à la traduction effective je ne sais pas s'il y a identité des contenus dans les deux langues. Même un connaisseur bilingue ne peut que supputer une convenance suffisante pour tout autre récepteur. Et il en va de même dans ma propre langue, maternelle ou naturelle, relativement à ce que dit autrui, même en disant comme moi. Pour lui, c'est nécessairement autre chose, car issue d'une autre histoire, même très récente, d'un autre corps, d'un autre contexte, d'un autre passé, d'un autre désir, d'un autre avenir. Et même relativement à moi-même quand je suppose dire le même à des moments différents, je ne suis pas en mesure de le vérifier et d'en obtenir une certitude. On ne le saura certainement jamais. Traductibilité suffisante, conventionnellement, contractuellement admissible ou non. Rien de plus. La contextualité serait source de solipsisme si cette singularité pouvait exister à un moment quelconque, pour un sujet omniscient relativement à lui-même. Mais l'altérité est intrinsèque au logique en tant que matérialité de l'effectuabilité du sens. Soumis à la condition de la matérialité contextuelle, soutient du plus élémentaire acte déictique à la plus élaborée de l'expression verbale et formelle. Logique, constituteur de sens, je me connais comme un autre. Qui ne sait pas faire mieux que moi.

La thèse d'une catégorialité comme état de choses inchoatif et exclusif d'instantanéité semble être contredite par la possibilité d'analyser un signifiant en unités discrètes, phonologiques ou numériques (digits, bits, pixels) dépourvues de sens autonome et dont le rassemblement ordonné produirait des entités catégorielles viables. Si on ne tient pas compte de la condition contextuelle de la constitution d'éléments signifiants cette réduction n'aurait pas été possible, car cet élément atomique dernier n'est rien en dehors de sa fonction d'élément mis en jeu par la fonction constituante, contextuellement déterminée et interne à ce travail de constitution, qui est toujours constitution d'une entité catégorielle individuée, représentée d'emblée et irréversiblement par son anticipant. Un élément strictement dépourvu de sens est le représentant d'un dépassement ou d'une régression au-delà ou en deçà de la terminalité ou de l'instantanéité inchoative, dont l'acte logique est privé. Entité aussi exclusive de possibilité protocolaire que les Êtres majuscules, les Dieux, les Uns et de tous les avatars de telles entités catégorisantes de l'impossibilité logique, car même l'impossible logique a une forme de réalité logique. L'acte d'isoler un élément atomique est identique à toute autre occurrence ordinaire de l'acte logique, consistant en un travail de conversion catégorielle de la donnée ontologique, immédiate et irréductible, travail doté d'une étendue matérielle et chronologique, autrement dit représentable comme un champ contextualisant. Isoler un bit, un phonème, un pixel, consiste également à recréer et confirmer l'illimitation du possible logique. Tout autant que d'écrire La Légende des Siècles.

L'acte du sujet se décrit comme un champ et le lien d'inchoativité à champ se décrit comme une continuité inchoative qui n'aboutit pas terminalement, car ce travail ne peut pas cesser, sauf mort cérébrale ou mort tout-court. En tout cas le hiatus ne peut pas se penser, même si on peut en produire, comme pour la mort, qui ne se pense pas, des analogons fictionnels. Cette exception et de commencement sans origine et d'aboutissement dépassable, qui détermine la possibilité de description de cette astreinte à l'état de champ qui soumet le travail de constitution du fait logique, bornent strictement la possibilité d'inspection, de description et de narré dont l'objet serait l'entité que désigne le terme « champ ». Nous sommes de ce fait réduits à la certitude qu'exprime la double négation [non (non champ)], le « non champ » inclus dans cette formule pouvant être matérialisé par des représentations ou conceptuelles ou techniques ou fictionnelles de toute sorte, entre l'immensité océanique du sens et la ponctualité instantanée de son surgissement venu de rien. Et pour que la situation que décrit le terme [non (non champ)] soit réelle un champ est requis, en état d'effectuation actuelle. Le manque de ce champ individué que cette condition exclut est également représentable par la figure notionnelle de « champ quelconque », abstrait de ce en quoi il consiste, matériellement et effectivement, lors de son individuation, qui est ici synonyme d'existence. Par ce biais, être dans le sens consiste en une claustration subie, que l'actuation effective d'un fait de sens (ou d'un état logique) produit. Le coupable étant l'humain, la délivrance n'est imaginable que par l'abolition de cet agent obsidional, abolition radicale et sans reste, ce qui est une fiction que nous sommes nombreux à promouvoir. Au bénéfice de la réduction de l'humanité à une seule créature, un monstre solipsiste, ou à son remplacement ou par un « autre humain » ou par un inhumain quelconque, nature, cosmos, habitants du paradis eschatologique. Mais la liste est ouverte, et l'imagination est sans bornes.

III   Objet

Si l'indescriptibilité d'un épuisement terminal d'un acte de constitution individuée d'un objet logique est une certitude protocolaire, donc indéniable, (autrement dit sa dénégation n'est effectuable que si elle n'est pas effectuée) cette indéniabilité est irrévocable. Car le non épuisement s'accomplit sous forme de différenciation constante. L'altération interne qui constitue l'objet logique individué détermine la spécificité d'un champ et son inaboutissement est la condition de possibilité d'actuation de la totalité du possible logique. Cette rétention indépassable et irréversible dans l'acte constituant que produit même l'entreprise de s'en affranchir crée l'image d'une sorte de noyau fonctionnel du domaine du sens effectuable, qui n'existe que par le fonctionnement constituant en lequel il consiste. Positionnalité de l'entité indescriptible en quoi consisterait ce même objet nucléaire, mais exempt de travail constituant, et du remaniement continu de l'anticipant qui fournit une borne immanentisante à ce travail. En ce sens, il n'y a pas d'objet logique, mais en permanence son analogon fonctionnel qui actue la totalité du sens possible. L'unéité du travail logique provient de cette restriction.

Descriptible également selon l'impossibilité protocolaire d'une effectuation terminalement aboutie, accomplissable et attestable. De cette façon, l'entité que désigne le terme « objet logique » est spoliée de la stricte identité à elle-même, car relativement à ce qu'elle eût été par saturation instantanée de sa possibilité logique cela n'existe que sous forme d'analogon fonctionnel et anticipant de ce qu'il y a à constituer. Même en cas de réminiscence, cette construction analogique doit avoir lieu, sauf si on parvient à décrire sans contradiction protocolaire l'existence d'un fait de sens qui n'est pas en voie de constitution (mais qui consisterait alors en cette même description) et dont l'apparition instantanée s'épuiserait instantanément. L'acte constituant produit donc sa propre contextualité, que rien ne limite au contenu d'un anticipant dont l'effectivité est en cours de constitution, mais qui suspend protocolairement tout bornage contextuel univoque. Ce qui suscite et impose la description de l'actuation du sens sous la forme d'une contextualité continue et constante. Producteurs de la forme logique de manifestation du monde (et qui épuise toute possibilité de manifestation du monde), nous n'y sommes pas, nous sommes en permanence en état de pérégrinité créatrice. « Être dans le monde » est aller vers le monde. Y compris vers ce domaine de la contextualité en lequel le sujet consiste. Et, sauf la mort, il n'y a pas d'autre arrivée.

Celui qui par fiction accèderait au monde contextuel en est empêché par le fait que lui-même en fait partie et que l'acte d'y accéder l'en retrancherait. Cette inaccessibilité par excès se décrit également par le fait qu'isoler (ou simplement repérer) un fait logique requiert un travail constituant, un processus complet de conversion catégorielle en lequel consiste également la réalité logique du sujet. Et cette constitution est une reconnaissance, n'émanant pas d'un néant, aussi bien syntagmatique (par voisinage) que paradigmatique (par analogie taxinomique). Et seul cet état de choses taxinomique autorise la mise en œuvre d'un anticipant qui individue cette distinction. Sinon, cette distinction ou délimitation d'un objet logique requérait une suspension du travail constituant, moyennant l'extinction de toute l'altérité logique au sein de laquelle cette délimitation s'effectue. Mais si cela se pouvait le sens et le sujet auraient été irréversiblement anéantis, ce qui est une plausibilité historique que la théorie physique conforte. Seul en ce moment de pur néant logique l'injonction génésiaque « que ce soit ! » va pouvoir résonner.

Entretemps le sujet est là, et sa situation se décrit bien en disant qu'il plonge dans un bain taxologique. La connaissance d'un objet singulier, ne partageant avec aucun autre les prédicats constitutifs de sa catégorialité, source par conséquent de la réalité de toutes ses qualifications (jusqu'à la qualification minimale, ontologique, qui exprime le fait d'exister), pourrait peut-être avoir lieu, mais serait inconnaissable par quiconque, et même par le sujet qui en eût été l'agent constituant. Cette lacune dans le possible gnoséologique est la place où se gèrent les entités ou porteuses de toutes les qualifications ou exemptes de quelque qualification que ce soit. Figurations et paraphrases de l'impossibilité de les avoir dites ou pensées. Comprendre un énoncé ou connaître[1] une chose consiste en un travail de constitution analogique, de recherche et de repérage de toutes les formes de « non différence » qui la constituent, jusqu'à celle, terminale et irréductible qui consiste en le fait d'exister, ce qui en fait l'item d'une taxologie universelle. Quoique le support de cette qualification analogique résulte toujours d'une actuation singulière. Si on pouvait capter en même temps la productivité logique de l'ensemble de la population mondiale on percevrait

---

[1] « Connaissance » et non « perception » car la « perception » pure et exempte de catégorialité est exclue dans le monde avec sujet (humain par redondance)

une vaste symphonie taxologique, non dépourvue de couacs et de dissonances.

L'objet singulier désigne l'état de la chose soumise à des déterminations exclusivement ontologiques lesquelles, connues ou exprimées, ne le sont plus, et relèvent de la catégorialité, immédiate et irréductible. Cette conversion inchoative, perte ou magnification est irréversible et indépassable. La chose ontologique, affublée de noms auto annulants comme Dieu, l'Être, l'Un, et tous les autres que quiconque est à même de produire (ou de puiser dans les bibliothèques) sombre dans cette sorte de purgatoire taxologique, qui la réduit à un analogon d'un nombre indéfini d'autres choses, et un antagoniste d'autant d'autres choses porteuses de différences spécifiantes. Ceci vaut dès la position effective de n'importe quoi, que l'acte de repérage détermine déjà comme totalement catégoriel, et spolie de singularité prédicative. Cet acte de repérage consistant en un travail constituant [1] apte d'emblée à la verbalisation. Or tout acte de langage est redondant, même ce que recèle le manuscrit de Voynich (ne serait-ce que par le graphisme) ou un hapax quelconque, poétique ou pathologique (ne serait-ce que par la phonétique). La positionnalité requiert des qualifications, et ces qualifications ont nécessairement une efficience taxologique.

---

[1]   Comportant la possibilité de désignation, de description et de narration

Toute chose est un analogon d'elle-même (telle qu'elle eût été au stade strictement ontologique de son existence) et d'une série indéfinie d'autres choses. Nous n'avons aucune chose. Par contre, nous parlons.

$$65^{\text{ième}}$$ **proposition**

La clôture fertile

Le sens existe moyennant la continuité de sa disparition terminale.

I - État

L'acte logique consiste en l'obstacle opposé à sa propre complétion. En ce sens, le logique est spolié de ses propres contenus. Et il existe en cette spoliation et toujours au bord d'en obtenir la levée. Et la raison de cette restriction est inaccessible par excès, car sa construction (ou découverte) consiste déjà en l'édification de ce même obstacle protocolaire qui l'en dépossède et en l'unique l'accès de la pensée à ses contenus. . Cette obstacle consistant en l'acte constituant, il est le mode unique de production de contenus logiques, autrement dit du répertoire effectif de la perte. L'actuation catégorielle du sens ne précède pas le commencement de la réalité du sens, et ne lui succède pas non plus. Ce que l'on peut identifier comme le mode d'actuation matérielle du sens porte également sur ce même processus d'actuation, affecté des mêmes restrictions constitutives de possible. L'acte-sujet [1] si on le personnifie comme agent constituant singulier n'est pas compatible avec une quelconque prise de connaissance de son produit qui aurait lieu par un autre biais que celui de la constitution catégorielle. Et cette privation ne résulte ni d'une contrainte pour ainsi dire mécanique ou algorithmique mais consiste en un acte de privation du dépassement de l'aire constituante de l'action du sujet, produite par l'acte constituant même. Et cette restriction qui se constitue comme se constitue le fait logique quel qu'il soit est la positionnalité de l'imminence constante de dépassement, que l'empirie la plus modeste décrirait comme l'impression que l'on peut aller plus loin, ailleurs, au-delà des déterminations protocolaires restrictives (la fameuse étroitesse, misère et bassesse de l'entendement humain que nous assènent les théologiens et les ontologistes fondamentaux). Et la chute de cette imminence est vécue et expérimentée, et même poétiquement décrite et narré, car elle est le mode ordinaire et constant d'effectuation du fait logique. Le sujet constituant ne peut rien savoir du commencement quelque peu désastreux de l'effectivité de sa production de sens, sauf a contrario, par

---

[1] La conformité langagière qui conduit à dire « l'acte du sujet » pose implicitement un moment de séparation entre ce sujet porteur de virtualités praxiques et son acte effectif. La forme « acte-sujet » correspond mieux à le descriptibilité de l'entité que désigne le terme : « sujet logique ». ou « sujet constituant ».

l'expérience du déclin de l'imminence d'un dépassement libérateur. Cet échec terminal constituant nous réduit à expérimenter uniquement des restes du possible logique qui eût été affranchi des restrictions protocolaires que notre existence lui inflige. Restes magnifiques, méprisables ou neutres, selon la liberté descriptive que notre impuissance nous octroie. Que ce qui se produirait en cas de dépassement et ce à quoi nous aurions alors accès soit indéfinissable et que son identification se résolve en chute dans les limites du possible protocolaire à chaque fois réitère notre insuffisance, et nous accorde un quitus conditionnel. Car il faut continuer.

Le monde est une réparation de ce manque portant sur le dépassement de la condition protocolaire constituante. Réparation restrictive, car cette actuation logique du monde recrée le manque dont il eût été le comblement. En effet, l'image d'un constitué actuel passible de constat et d'observation requiert la subreption du sujet constituant. Faute de quoi, cette production en cours est aussi inaccessible que toute autre forme de constitué catégoriel. Si on tient compte de la descriptibilité du sujet, on devrait lui attribuer la désignation réductrice de « acte-sujet » que cet acte se réduise à une saisie atone et stupide ou qu'il s'élève au rang d'une contemplation extatique et poétisante. Ce qui se pose est ce qui est à constituer, et le demeurera même si cette injonction immédiate et implicite consiste aussitôt en son effectuation. Le constituteur subit la contrainte à constituer un anticipant inépuisé, comme un retard à constituer, une sorte de rétropulsion dont il est la cause, concurremment avec le réel. Cette actuation terminale, illustrable par l'image botanique d'un apex germinal fait que le seul mode d'existence pour le manque prospectif est son comblement continu, et que ce comblement est créateur de manque. Ce en quoi consiste la positionnalité d'une figure fictionnelle de complétion indépassable, une sorte de terme eschatologique atteint et immuable. En termes d'empirie plate et non critique, ceci consiste en la conviction qu'il y a un monde et qu'il est identique à ce que chacun peut en apercevoir ou apprendre. La persistance de cette butée en quoi se transforme le fait logique en voie de constitution nous retient au stade ultime d'une incurable créativité faste et néfaste, d'un apaisement ou d'une dégradation du manque dont le monde semble devoir répondre, pour autant qu'il y a un sujet. Pour libérer le sens des entraves contextuelles, il suffirait soit d'anéantir le monde, soit d'anéantir le sujet. C'est un projet qui court les rues.

D'autant plus imaginable que ces disparitions sont une imminence constante. Et même l'acquis, l'imperdable passé constitué issu de ce travail constituant terminal (ou « apical ») est aussi inaccessible que la virtualité du sens effectif à constituer. Cette inaccessibilité est un fait, et nullement l'effet d'une règle extrinsèque ou transcendent. Seul et réel l'inaccessible qui se constitue et qui de cette façon accomplit le seul mode d'accessibilité descriptible sans contradiction protocolaire. Si je caractérise une entité inaccessible, (un Dieu, un Être, un « Un » etc.) de ce fait je l'ai convertie selon l'accessibilité protocolaire ordinaire. Autrement dit je constitue une entité inaccessible mais en état d'accessibilité. Il est exclu que l'on puisse décrire un fait accessible en soi, sans cette opération constituante et, de ce fait, créatrice. En outrant l'image, seul l'inaccessible est accessible, et dans le domaine de l'opération constituante on ne peut que ce que l'on ne peut pas et le fait de « l'avoir pu » n'y change rien. Dès que constitué, cela reste à constituer. Le sujet de cette façon est un Sisyphe accablé ou comblé. Ce mécanisme du pouvoir logique est immanent. Ni le monde ni une entité autre que le sujet n'en déterminent les limites ni les possibilités. Cette sorte de traumatisme terminal se réduit au mode ordinaire d'effectuation matérielle du sens, qui n'est rien en dehors de cette actuation ni avant, ni pendant ni après. En quelque sorte nous avons le monde, mais nous l'avons avec le sujet, inséparablement, dans le même lot. Même un objet produit pour être autonome, comme une œuvre picturale, requiert le spectateur que la constitue. Et on ne sait pas s'il la constitue exactement « comme elle est », et de la même façon et que l'auteur et qu'un autre quelconque des autres spectateurs.

Un tel objet matérialise l'état contextuel des contenus logiques en cours d'effectuation catégorielle. De cette façon, le sens est une fête et aussi un tourment.

Dans cette virtualité océanique d'une destinée illimité du sens, et parvenu au moment ultime de son travail constituant (repli et retour en arrière étant protocolairement impossibles, empêchées par leur propre accomplissement) et au sein même du réel logique en cours d'effectuation, l'acte-sujet est refoulé activement dans sa condition inchoative, ponctuelle, irréductible et indépassable. Toutes ces conditions relevant de la détermination protocolaire immanente et qui nous apparaissent selon la condition de descriptibilité compatible avec la détermination protocolaire. Leur indéniabilité résulte de l'expérience de leur impossible négation, dont la positionnalité consiste en ceci qu'elles doivent être actuées pour être réelles. Qu'un fait logique soit requiert un acte constituant soumis à la condition d'inchoativité, et il n'est rien avant l'effectualité de cette condition, et ne peut exister au-delà. La [non(non-inchoativité)] serait la forme canonique dont cette affirmation est la paraphrase abréviative. La complaisance du sujet à cette tache ultime qui lui accorde et interdit ce en quoi pourrait consister le dépassement de la condition constituante peut prendre la forme de l'insoumission et du rejet, mais qui ne serait effective que moyennant sa disparition. Certains l'on fait, en pure perte. Et dévier cette injonction implicite en « pensant à autre chose » ne fait que reproduire le mode ordinaire de constitution du sens, qui ne peut jamais consister à penser « la même chose », voire « la chose même ». Cat l'acte logique a une étendue, matérielle et temporelle, ce que des critiques cinématographiques (Étienne Souriau) on nommé « diégèse », et l'identité stricte du fait logique à lui-même est contredite par l'inévitabilité de ce travail de « découverte » constituante. À moins que l'on puisse décrire une surrection instantanée (et la description, qui la constitue, devrait également être « instantanée ») et exempte d'acte-sujet d'un fait qui serait tout de même logique, on se demande pour qui.

La pensée s'interrompt en permanence, sa possibilité consiste en cette interruption survenant au point même où elle allait dépasser la borne de la condition humaine, plus exactement de la condition protocolaire. Et elle ne quittera jamais ce point d'arrêt ni en-deçà ni au-delà. C'est son mode d'être vulnérable et périssable, ce dont l'acte logique est et la cause et l'abrogation conditionnelle. Cette perpétration réitérée de la mort d'un possible transcendant est ce en quoi consiste la réalité et la vie du sens et le rempart protocolaire [1] qui borne et assure sa survie. En quelque sorte, le logique qui a lieu a lieu à la place du logique et

---

[1]   Plus succinctement, agi et vivant.

ne peut s'empêcher d'entreprendre la résolution de cette usurpation de circonstance. Le fait logique a lieu avant même d'avoir pu avoir lieu. Sur le point d'aboutir à son accomplissement terminal il est frappé d'inchoativité résultant d'une initiative du monde. Et même en obéissant à l'injonction de Saint Anselme « *rentre dans le caveau de ton âme* [1] » ou moyennant la discipline sensorielle que Descartes s'était imposée « *Je fermerai maintenant les yeux, je boucherai mes oreilles, je détournerai tous mes sens, j'effacerai même de ma pensée toutes les images des choses corporelles* [2] » il y a toujours suffisamment de monde et de manifestation ostensible pour que cette productivité subsiste. Ou alors il n'y aura rien, mais si nous subissons les douleurs de l'inexistence qui nous spolie de gens et de choses nous sommes absolument privés de néant, malgré nos sollicitations et nos scènes mimées. Même si la vie du sens se passe exactement au bord et de l'inexistence et du néant. Une métaphore procursive nous autoriserait à raconter que le logique vient en son terme puiser son propre commencement. Ou, plus trivialement « c'est comme ça que nous sommes ».

L'acte logique abolit sa propre transcendance, et consiste en cette transcendance, car sa constitution est un acte de transcendance trans-ontologique mais qui en épuise la

---

[1]   Proslogion Chap. I
[2]   Méditation Troisième

possibilité et comble pour ainsi dire toute son étendue matérielle. Et cette abolition n'est pas une situation seulement observable et descriptible, et en quelque sorte déjà accomplie et incrustée dans un passé sujet à péremption. Ce qui s'abolit est visible et cette abolition est une conversion qui réduit l'ontologique au catégoriel, conversion dont le support ontologique est toujours présent sous forme d'une ostension quelconque, même provenant du domaine le plus occulte et le plus profond du domaine de la physiologie (sous forme par exemple de ce que les spécialistes nomment *somesthésie*). Certains objets sont commis à matérialiser la perpétuation du stade purement ontologique, à titre constant comme une icone sacrée ou de circonstance, comme par exemple la vue de l'être aimé (ou de sa photographie) ou du cher défunt. Mais le sujet lui-même est apte à remplir pour lui-même ce rôle, le plus souvent assisté par des adjuvants externes. Ce qui vaudrait n'était-ce le fait que quelqu'un (ou le sujet lui-même) en prend connaissance. Une façon de vivre cette butée constituante troublée par l'insistance de l'apport contextuel consiste en la tentative de l'abolir et surmonter. De fait, selon la préconisation de Mallarmé, qui incite à *un trépignant vis-à-vis avec l'idée*, pour extravaguer du corps, au lieu de se déplacer très vite à bicyclette [1] ou en mimant ce dépassement, en feignant d'être la source de faits de sens exempts de borne protocolaire. Liberté loisible aux poètes et aux mages. Une autre méthode de déni quant à ce bornage producteur et passif quant à l'apport contextuelle est de feindre d'en être l'organisateur (selon la maxime fameuse de Jean Cocteau : *Puisque ces mystères me dépassent, feignons d'en être l'organisateur,* dans <u>Les mariés de la Tour Eiffel</u>) et d'accepter la stricte positivité du produit catégoriel, exempt de traumatisme terminal ou de troncature créatrice. L'expert, le doctrinaire, le « manager » nous en offrent des échantillons caractéristiques.

Et pourtant cette perte terminale est productive de sens, de l'unique sens qui aura jamais eu lieu. Le dépassement de la stase constituante est dévolu au répertoire contextuel de la réalité catégorisable. L'impossibilité d'un dépassement délibéré préserve la spontanéité créatrice imputable au monde lors de sa logicisation. D'autant que le monde ainsi décrit comme le domaine contextuel du logicisable ne peut pas ne pas inclure la corporéité du sujet relativement à laquelle s'opère toute

---

[1] Passage souvent citée ici, des <u>Divagations</u> : <u>Quant au Livre</u> - <u>L'action restreinte</u> : *Se détendre les poings, en rupture de songe sédentaire, pour un trépignant vis-à-vis avec l'idée, ainsi qu'une envie prend ou bouge : mais la génération semble peu agitée, outre le désintéressement politique, du souci d'extravaguer du corps. Excepté la monotonie, certes, d'enrouler, entre les jarrets, sur la chaussée, selon l'instrument en faveur, la fiction d'un éblouissant rail continu.*

ostension. Cette incapacité terminale à conclure l'acte constituant est donc strictement équivalente à la simple existence du sujet, cause du mode logique d'existence du monde. Et le sujet logique est privé de toute maitrise même conceptuelle sur cet échec, qui doit survenir selon le possible protocolaire correspondant à cette logicisation. Échec ou incapacité tout aussi radicalement contingente et indiscutable que sa propre existence. Ce qui suscite la requête d'un autre sujet, d'un sujet de ce sujet déterminé, mais affranchi de détermination protocolaire et même de « sujéité ». Quelque sorte d'agent algorithmique omniscient et issu de génération spontanée, qui aurait beaucoup de mal à me faire partager son butin. Cette incapacité que son actuation du sens produit consiste en un retrait individué et circonstancié du domaine du pur ontologique qui en préserve la persistance, non pas « en état » pour autant que, sujet logique, j'en perçois quelque chose, mais comme apport constant (mais perdable) et thème anticipateur. pour l'acte logique constituant. Autrement dit forme anticipante (et déjà une ostension catégorielle) de mon acte créateur. Sujet créateur immanent de ce qui se désigne bien comme le « monde-sens », j'y ajoute l'incomplétude constituante qui en suscite la continuité. Une sorte de manque thaumaturgique, arborant des allures de miracle. Et convertissant l'entourage contextuel immédiat en horizon qui matérialise son illimitation.

Et de la même façon que le fauve ne bondit qu'une fois on peut admettre le récit selon lequel l'acte catégorisant est la dernière occasion pour le pur ontologique de ne pas être rien. Si le contextuel nourrit la faim ontologique du sujet, c'est en cette consommation qu'il acquiert une cohérence catégorielle, contenant toutes les formes de pertinence effectuables. Sans l'humain, il est infiniment plausible que l'univers poursuive son cours et que de cette façon le temps se perpétue. Mais non tel qu'il est en raison du fait que nous existons. Ce qui ne consiste pas en une limitation quelque peu régionale, mais l'unique manière d'exister de ce qui est catégorisable. Ce à quoi se restreint l'extension de tout ce qui peut exister. On peut identifier, désigner, décrire et narrer l'inconnu, voire par des moyens fictionnels. Il n'en va pas de même pour l'inconnaissable dont on ne peut rien dire. La manifestation du réel consiste en la constitution catégorielle, raison modeste et praxique de toute régularité et de la possibilité de désigner une entité sémantique comme « l'ordre de l'Univers ». Peu de chose en somme. Un octroi qui ne rejette rien, du moment que les droits d'entrée sont acquittés. Poser que ce qui est exclusif de catégorialité est exclusif de catégorialité ressemble bien à un truisme creux, mais il est requis cependant de manifester le fait que sa dénégation (et l'escamotage de ses conséquences) est une opération courante et admise. La condition protocolaire et son absolue inchoativité sont la source d'une pertinence universelle et irréductible, d'une homogénéité analogique de tout ce qui peut se catégoriser, quoi qu'il en soit du réel « proprement dit » et de son invérifiable hétérogénéité. Le logique canonique a lieu « en fin de compte ». La puissance constituante de sens est strictement identique à ses limitations.

Et l'effectuabilité logique illimitée du monde au sens d'état de choses purement ontologique est corrélative de l'absoluité de cette limitation. Autrement dit tout est susceptible de catégorialité parce que rien n'est constitué terminalement dans le domaine de la catégorialité, cette forme de constitution étant un équivalent de statut purement ontologique, ou encore plus rudement, « le monde comme une chose » un monstre référentiel et une cible du pur dénotatif. Ce qui a faillit exister, juste avant cette intrusion protocolaire qui intervient en dernière instance, exclusive de dénégation tardive et incompatible avec une terminalité sémantique et dont la non complétion est source de connotations illimitables, et de proche en proche de la possibilité d'un réseau (voire d'un écheveaux) connotatif qui épuiserait la possibilité de désigner quoi que ce soit. De cette façon le monde est un débordement contextuel qui requiert une butée constituante pour commencer d'exister. Matérialiser l'hétérogénéité protocolaire par l'écart chronologique ou spatial est aussi protocolairement auto annulant que d'entreprendre de produire du sens autrement que par le biais de la catégorialisation de ce qui existe, même celui qui est le plus près du scrutateur, le perceptible le plus immédiat voire « intéroceptif ». Par le biais d'une fiction anthropologisante la production du fait de sens est un couperet qui abolit et l'inexistence et l'inaccessibilité du monde. Mais qui doit continuellement réitérer son coup d'arrêt, et d'en exclure l'objet perdu, qu'il soit visible et tangible, qu'il soit lointain et imaginé. Mais l'acte constituant n'exclut que ce sur quoi il a une portée, et le répertoire virtuel de cette exclusion est illimitable. Ce que démontrent les poètes, les artistes et tous les autres créateurs. Comme « Joséphine la Cantatrice [1]», ils chantent comme nous.

L'aboutissement indépassable est un acte en cours qui pendant qu'il dure barre la route au dépassement de dépassement et à la transcendance de transcendance. L'au-delà du sens effectuable est reporté plutôt qu'annulé. Ce report dure ce que dure l'actuation du sens. Et nous connaissons le contenu de l'objet de ce report, que son actuation dépouille de la qualité d'anticipé trans-protocolaire. Le non dépassement est un travail constant et producteur, sans lequel il n'y a pas d'immanence catégorielle. Cette sorte de rapatriement du sens est le mode ordinaire d'effectuation du réel logique. Et nul acte de sens n'est

____

[1]   Nouvelle de Kafka.

en mesure de circonscrire cette virtualité, ou exténuante ou euphorisante ou neutre. L'énoncé anticipateur est cependant formulable et susceptible de critique selon l'opportunité ou la vraisemblance. Tout autant que l'énoncé rétrospectif, le pur présent étant exclusif d'énonciation, monopolisé par l'acte constituant en lequel il consiste. La diversité, la multiplicité virtuelles chutent par ce biais praxique dans l'homogénéité d'une pertinence syntagmatique, d'une persistance de cette réduction à la transcendance terminale constituante de tout ce qui a lieu. Même ce qui relève de l'imaginaire et de la fiction aussi irréelle que l'on voudra est descriptible comme un acte imputable au monde, pour autant qu'il apparaît, autrement dit se convertit en réalité catégorielle, à cause de l'existence du sujet. Rivé au rocher prométhéen par la condition de localité mais sans rien perdre de sa fonction nourricière. Cette circonstance est la source positionnelle de toutes les anticipations hétérogènes à la stricte actualité de la condition protocolaire, aussi indescriptibles que la présence d'un sujet à sa propre condition de mort. Utopies, dystopies, toute sorte d'uchronies qui requièrent un saut, une rupture dans la continuité de la fonction constituante, qu'elles travaillent sur l'historicité du monde ou celle du sujet lui-même. Paraphrases de la condition délocutoire qui transforme en récit mémoriel tout compte rendu de ce que je vis ou pense. À quelque degré d'explicitation verbale que ce soit, ce que je sais de moi est toujours accueilli par un « récit récepteur ». Cet état d'écoute rend possible la critique [1] et tout autant et le mensonge et la littérature. La qualité d'anticipant ne convient qu'à l'acte de son effectuation. Pourquoi doit-on commencer l'acte catégoriel par un anticipant au lieu d'en produire une réalisations instantanée ou produite par une conversion non moins instantanée d'un autre contenu précédent revient à se demander comment se fait-il qu'il ne puisse pas y avoir de fait logique sans acte constituant, immanentisant et anthropique ? Et le constat que, si cela existait, nul n'en pourrait prendre connaissance, car une telle cognition serait un acte constituant. Si tout le logique consiste en une anticipation effectuée un dépassement de cet état anticipateur vers un anticipé détaché de toute opération constituante est indescriptible sans contradiction protocolaire, car cela consisterait encore en cette forme d'exister ordinaire de l'entité catégorielle anticipante (même de celle qui consiste en une simple ostension, immédiate et muette), et nullement son dépassement réitérant. Cette sorte de « sur-anticipation » provient du dessein auto annulant d'exclure le sujet immanentiseur de l'effet d'immanentisation que son acte produit, et de dépasser ce point terminal de la réalisation possible du fait de sens en lequel consiste la condition

---

[1] Critères de désignabilité, descriptibilité et narrabilité non contradictoires quant à la condition protocolaire.

protocolaire. Le point imaginaire où le monde vient exister.

Ce non-dépassement ne résulte pas d'une loi logique ou épistémique, mais doit se produire par voie d'échec protocolaire. Et l'acte transgressif auto annulant est le mode primaire et irréductible de constitution (non instantanée, non transcendante) du fait de sens. Autrement, le sujet devrait se dédoubler en agent constituant et en agent nomologique, soit par l'intervention à propos d'une « intelligence algorithmique », soit, et ce fut le biais imaginé par Descartes [1], en mémorisant fortement toutes le impossibilités et toutes les voies du possible logique. Outre la contrainte à supposer un agent non humain apparié au sujet constituant et lui infligeant (pour son bien) l'injonction de vérité ou un sujet perpétuel et exempt d'acte constituant commis à ce même service contraignant, nul « sujet tout court » ne serait en mesure d'en soutenir la validité. Ni un « sous-sujet » ni un « sur-sujet » ni un « para-sujet » ne sont exempts, pour exister, de l'acte constituant propre au sujet « tout-court ». Ou alors nul n'en sait quoi que ce soit. Ce qui ne restreint en rien la liberté artistique d'en inventer de pareils. Cet

---

[1] Méditations Métaphysiques : *il sera bon que je m'arrête un peu en cet endroit, afin que, par la longueur de ma méditation, j'imprime plus profondément en ma mémoire cette nouvelle connaissance.* (Méditation Seconde) — *s'il [Dieu] eût si profondément gravé dans ma mémoire la résolution de ne juger jamais d'aucune chose sans la concevoir clairement et distinctement, que je ne la pusse jamais oublier.*(Méditation Quatrième)

élan vers l'au-delà du possible et sa résolution péjorante ou magnifiante en échec [1] constituant, en simple effectuation catégorielle de ce qui se manifeste comme existant, et qui consiste déjà en l'acte (individué et contextualisé) de contredire la possibilité qu'il n'y ait aucune chose. Ce qui recrée la seule séquentialité compatible avec la condition de stricte localité terminale et indépassable car consistant en un dépassement constituant strictement contextualisé par la réalité de l'ostension du monde (monde qui inclut sa propre corporéité). Le dépassement de cet enfermement consiste en l'acte même de fermeture, attestation insistante de l'existence du monde, sujet inclus. Et, hors pour nous-mêmes, et quant aux limites de notre possibilité de certitude, possiblement, une illusion.

Ce phénix instrumental renaît des cendres de sa propre impossibilité et le sujet spontanément constituant, sans pallier préparatoire, privé d'un seuil neutre et offert à la prise de décision et à la simple connaissance ineffective de l'acte à venir ne sait rien à son propre sujet, sauf ce qu'il reçoit comme information tardive. Cette stricte passivité est la clé de la certitude protocolaire, qui exclut toute participation d'entités nomologiques ou épistémiques externes et transcendantes,

---

[1]   Le fait, selon Lafontaine de retomber en soi et de se retrouver Gros-Jean comme devant.(Fable: "La Laitière et le pot au lait".) autrement dit purement humain, et réduit au niveau de pensée pauvrement « anthropologique ».

même dissimulées sous le déguisement en quoi lui-même il pourrait consister. Le sujet constituant est également un principe d'exclusion. Rien n'est passible d'annulation en raison de l'irréversibilité de l'acte constituant, même réduit à l'ostension la plus immédiate et la plus rudimentaire que l'on puisse imaginer. Un tremblement de paupière, une impression somesthésique ou encore moins. Un sujet peut prendre la résolution de sortir de chez lui, pour se déplacer au Jardin des Plantes afin d'y *étudier les variétés du petit Potamogéton* (André Gide, Paludes). C'est une anticipation, car il vit dans un réseau d'anticipations et ne peut pas en sortir. Et l'état d'anticipation est premier, immédiat et irréductible. Ce qui est la cause positionnelle de toutes les formes de récits anticipants, même fictionnels, qui sans cette primitivité de l'état anticipant seraient incompatibles avec toute forme de descriptibilité. Les conditions de possibilité selon la condition d'inchoativité contextuelle (opposée à l'illusion du spontanisme, figure d'un indescriptible fait surgi ou de rien ou bien d'une cause transcendante spécifique et pour ainsi dire établie —par qui ?— ad hoc)) sont les mêmes pour dresser la liste des courses que pour la rédaction de l'Apocalypse selon Saint Jean, ou toute autre formation narrative eschatologique. La condition protocolaire est la positionnalité de l'activisme et du volontarisme, et la situation anticipante se paraphrase en finalismes.

L'au-delà de l'anticipant qui borne en l'individuant l'acte constituant et qui pendant ce travail constituant fait encore partie du domaine contextuel et ne sera jamais rapatrié dans le cercle imaginaire d'une existence interne du sujet est indescriptible, même si je sais d'emblée que je vais descendre acheter mon journal et que je remonterai ensuite pour reprendre mon travail. Je ne rentre pas dans le monde que définit ce récit, je le constituerai continuellement, selon son effectivité contextuelle et nul ne sera jamais dans l'au-delà de cet anticipant. Et parmi tous les déterminismes supputables conduisant à cette effectivité singulière une seule convergence aura été effectivée, que la complexité contextuelle rend inobservable, ce qui ne limite aucunement son indéniabilité. La permanence d'un « état logique » terminal doit être actuée par un exploit constituant individué, dont la scrutation a posteriori est un accomplissement exclusif de compte-rendu et d'expérimentation. Autrement dit impensable et indéniable. Cet état de choses se postule par négation de négation. Nul ne pourra jamais rien savoir de l'état présent de l'accomplissement matériel du sens, tout en étant essentiellement contraint d'y procéder et pour ainsi dire, et selon une contrainte praxique et mécanique, d'y avoir le dernier mot. Même en postulant une liberté aléatoire, elle ne serait que ce qu'elle pourrait être relativement à la détermination contextuelle qui la façonne. L'acte constituant étant une réduction absolue et irréversible de l'aléatoire. On peut cependant inventer des elfes volontaristes, ou nantis de liberté radicale et indéfinie, ce que nous serions juste avant d'agir logiquement, en ce moment propice à un acte que, de l'accomplir, anéantirait sa propre condition de possibilité. Ceci nous procure une certitude privative, qu'exprimerait tant bien que mal la formule « sera ce qui aura été ». Et rien d'autre.

II - Processus

Il est cependant requis qu'un acte constituant soit en cours d'effectuation pour qu'il y ait quelque chose comme « le sens », définissable par une séquence postulable mais inobservable, qui consiste en la conversion du pur ontologique en catégorialité. Conversion immédiate et irréversible, car son observation consiste également en cette même conversion. Car « que quelque chose soit » au lieu que rien ne fût est déjà une conversion catégorielle individuée, pour peu qu'il soit requis de statuer que ce fait doit être un constat imputable à quelqu'un et qu'hors ce constat ce fait n'est rien. Cette création continue du logique (le fait qu'il y ait du sens) est également création catégorielle du monde, imaginable comme abandonné à son existence larvaire voire spectrale de chose « purement ontologique » et sauvé (ou corrompu) in extremis par son accession au rang de chose humaine. Cette ostension du monde est le moindre degré de catégorialité repérable, et l'acte humain en lequel elle consiste est le minimum euristique, dont l'irréductibilité est coextensive à la simple existence de quelqu'un. Il est infiniment plausible, empiriquement, statistiquement, scientifiquement, qu'il y ait un jour un monde (un Univers) strictement identique à son mode d'être purement ontologique, en absence de tout humain. Il lui manquerait juste le « il y a » et ses spécification internes, tout ce qui répond exactement au fait que l'humain existe encore. Si on peut dire « créer » pour la participation constituante du sujet logique à la simple ostension quelconque, on peut jouer à paraphraser l'expression courante et dire « qui crée un œuf crée un bœuf », et même tout le logique qui existe. Mais il est requis de le créer. Dans le domaine de l'effectuabilité du sens, créer un fait logique provient de l'illimitation de ce domaine, et de la restriction terminale absolue que produit la constitution d'un état logique individué.

Nous sommes ce sujet logique du logique, retenus en cette qualification selon la métaphore banale du papillon encore enfermé dans sa nymphe, et contraint à une interminable nymphose. Ce sujet est trop productif et nous en souffrons : minimum euristique dont l'effectualité nous spolie d'un produit restreint, (même décrit comme consistant en notre corporéité individuelle, ou en notre « activité psychique ») en faisant exister immédiatement et irréversiblement tout le logique qui peut exister, le bon le mauvais le vrai le faux le possible l'impossible le concevable l'inconcevable. Ultime barrage vers un sens inconditionné et illimité, affranchi de l'acte humain constituant inaccessible en raison de ce mode d'accès et qui se manifeste comme étant toujours là, en ce sens que l'expérience de son annulation le reconstitue. Cette création illimité ne nous procure pas une cible qui répondrait au désir d'atteindre à une sorte d'exemption de toute limitation circonstancielle, contingente, aléatoire et immotivée du sens, similaire à l'entité mystique désignée par le terme « omniscience », imputé à un esprit divin ou à toute autre chose, table de cuisine par exemple qui partage avec cette entité omnisciente le fait de ne pas connaître (en la constituant catégoriellement) une quelconque chose singulière, unique instrument apte à faire qu'existe tout le logique qui aura pu exister. Cette totalité privative ou entité contextuelle assignée à un accomplissement ponctuel et local ne peut être première, à la façon d'un répertoire offert et passible de découpages et de prélèvement restreints. Cela existe par le biais d'un accomplissement terminal et indépassé, ce qui se décrit par la stricte simultanéité de cet accomplissement et de la création de sa contextualité. Rien n'est sans travail logique constituant. De cette façon le monde qui fournit le support ontologique à la conversion en fait catégoriel est une création que cet accomplissement local médiatise. Cette condition est la source positionnelle et de l'objet contextuellement autonome, et d'un monde source de sens, de son propre fait et sans médiation protocolaire, comme l'illustrent les témoignages de contemplation de la nature, de la ville, de la foule, du désert, du firmament, et ainsi de suite ad libitum.

Affaiblir le sens de « constituer » pour obtenir des métaphores réductrices de cette fonction (par exemple : témoigner, saisir, constater, percevoir, dévoiler, montrer, découvrir, repérer, déceler) est le biais pour obtenir une paraphrase déniante de la contrainte inchoative. Ce qui résulte du fait que la vertu heuristique intrinsèque à cette condition ne se laisse pas décrire comme une production ex nihilo mais ne peut agir que sur ce qui est , et dont nul ne peut savoir que cela est sans cet acte constituant, tout en étant empêché de stipuler son inexistence sans l'accréditer (sans le constituer). L'inchoativité est ce qui survient à ce qui existe dès lors que cela consiste en une ostension comme si, en utilisant une sorte de narrativité fictionnelle, qui autorise de supposer un fait « pas encore logique » qui le devient par l'effet de l'acte catégorisant imputable à un sujet (« humain » par redondance) tout ce qui existe, autrement dit la contextualité logicisable que peut désigner le terme « monde » venait là où est le sujet pour obtenir le commencement de son existence logique, sans que cette station constituant ne puisse être dépassée en « monde du constitué ». Le monde existe en cet aboutissement constituant. C'est du moins ce qu'il est permis d'en dire sans contradiction protocolaire. Et étant entendu que le sujet en sa corporéité est une réalité contextuelle, y compris pour le sujet lui-même, englobée dans la notion de « monde ». Ce « cas de commencement » ou « incident inchoatif » détermine également la réalité du sujet pour lui-même. Et tout acte constituant d'un fait catégoriel peut ainsi être décrit comme une paraphrase de la catégorialité en laquelle le sujet, pour lui-même, et de son fait, consiste. Descartes l'a découvert et nous en fait part, lorsque son premier acte de négation de négation, instituant la tautologique protocolaire, a consisté à attester « *qu'il [le génie trompeur] me trompe tant qu'il voudra il ne saurait jamais faire que je ne sois rien, tant que je penserai être quelque chose.* »(Méditation Seconde). On pourrait regretter cette ontologisation de l'acte de pensée, mais en réalité Descartes produit ici la première preuve catégorielle de la validité de la tautologie protocolaire, portant sur le monde en lequel lui-même il consiste. Cette dispute avec l'impossible [1] est le mode ordinaire de constitution du fait logique, toujours compatible avec une énonciation [2], même s'agissant du degré le plus lointain de la possibilité de langage verbal.

Si on ne peut pas agir sur le mode d'effectuation de cette condition du fait logique (créative et irréversible) en laquelle se manifeste la condition inchoative, il est imaginable que moyennant une description déniante on puisse accéder à une sorte d'image vraie ou semblant vraie d'une autre manière d'exister du logique. Tel qu'il est , comme un « état de choses », une fois opérée sa constitution par on ne sait quelle entité, déité ou machine algorithmique. Mais faire apparaître ces entités logiques requiert la dissimulation de la question de leur compatibilité avec la descriptivité et la narrativité afférentes à une telle production. Et cette obreption est ce en quoi consiste l'acte constituant de ces entités qui seraient « alogiques » si cela pouvait exister pour le sujet essentiellement constituteur. Toute constitution de faits logiques consiste en un travail de catégorisation depuis son commencement sous forme de

---

[1] Et toujours dans cette Méditation seconde, Descartes endosse lui-même le rôle du contradicteur producteur de contradiction protocolaire : *ne me suis-je donc pas aussi persuadé que je n'étais point ? Non certes, j'étais sans doute, si je me suis persuadé, ou seulement si j'ai pensé quelque chose.*

[2] Et la forme la plus primitive de la contradiction protocolaire consiste à dire (ou à prétendre avoir dit) « il n'existe aucune chose » ce qui nous délierait de la contrainte ontologique.

« dernière en date » des ostensions [1]. Car même une rétrospection doit créer son objet. De cette façon, la désignation en laquelle l'ostension consiste est le degré le plus infime et irréductible de son existence logique, et le fait que, de cette ostension primaire jusqu'à la catégorialité langagière, cet objet consiste en un travail, fait que la narrativité soit une qualification intrinsèque à ce produit logique. La source contextuelle de cette création terminale est par ce biais actuée logiquement et apte à procurer matière à catégorisation. Plus abruptement, « le monde se dit ». Et cet acte est narrable. La « praxis » logique, ou, mieux dit, la condition protocolaire est le degré le plus simple et le plus irréductible du mode d'existence du sens. Sauf pour ce qui concerne un sens sans sujet, fiction jumelle de celle, traditionnelle, d'une âme affranchie d'un corps. Fiction productible parce que je peux présumer qu'il y a du sens là où, moi, je ne suis pas.

Comme si le monde attendait le bon vouloir d'un sujet, qui n'en peut mais, pour commencer sa vie de réalité logique, que nulle cause ne nécessite, sauf l'occurrence totalement contingente de l'existence d'humains. Le sujet lui-même qui existe dans son acte constituant résulte de cet acte, comme tout ce qui peut être inclus dans la contextualité propre de cet acte.

---

[1]   Y compris celle en quoi consiste sa propre corporéité, que l'on désigne par les termes : somesthésie, proprioception, etc.

Nul en dehors de ce contexte dont il fait partie, et qu'il constitue par le biais de l'acte de catégorialisation, le sujet restitue au monde les choses du monde, et si la constitution d'un objet individué n'aboutit pas à un stade terminal et dépassable, le domaine du contextuel est en permanence rendu à sa complétude, mais ce travail est requis. Et dès son effet, il en est dépouillé. Le fait en cours de constitution est simultanément converti en contextualité, juste avant le moment inaccessible où sa constitution, terminalement accomplie, nous en procurerait une entité logique statique et autonome. Le sujet constituant serait de cette façon expulsé de son produit et de son action, sans pour autant que cette expulsion lui procure un mode d'existence statique et autonome, car, en constituant le fait logique, il s'en constitue lui-même, et subit la conversion en contextualité qui affecte ses productions. Et cette contextualité elle-même n'est pas statique, autonome, comble et sans défaut, dont la position requiert l'obreption de l'ostension générative et du fait logique et de la contextualité. L'ostension est l'articulation protocolaire créatrice de la contextualité, et le mode premier d'instauration de l'inchoativité constituante.

Ce non dépassement vers le produit logique, local ou contextuel, est expérimenté et agi. Et produit par l'acte constituant, du fait de sa non cessation (« poser le constitué » consiste à le constituer) et expérimenté en raison de l'imminence immédiate de cette accessibilité, qui est suspendue par l'acte qui consisterait à la mettre en œuvre. Le sujet se perçoit coupable et de son propre échec à produire un fait logique statique et autonome, et à s'en saisir par un moyen indescriptible et indéfinissable. Et cet échec s'étend à sa propre constitution en tant que sujet logique, dont le savoir nuit à l'omniscience ou à la simple perception du monde logiquement constitué. Entité fictionnelle que nous procure la photographe, la description littéraire, l'allusion poétique, la représentation picturale, ou les ostensions qui expriment leur ostensibilité, les ouvres matériologiques (Dubuffet parmi d'autres) ou les « ready made » (selon Marcel Duchamp) par exemple. C'est par condition, et non de plein droit, que le sujet logique est un agent constituant y compris de sa propre réalité et qu'il est réduit à cette capacité praxique. Frappé d'incapacité par excès.

En supputant que des choses existent, et leurs dénominations répertoriées (lexiques, vocabulaires, dictionnaires, usage) leur état d'ostension subit les mêmes déterminations restrictives que tout fait logique en cours de constitution. Car l'immédiateté, l'actualité stricte est exclusive de réflexivité. Réelle et inconsciente en ce sens pour ainsi dire mécanique ou praxique. La moindre réflexivité [1] est déjà une

---

[1]   Et la catégorialisation immédiate de l'objet de cette réflexivité autorise à la désigner comme « lecture ».

rétrospection sans assurance d'identité à l'objet initial. Nous avons pu assister à l'expérimentation cartésienne (Méditation Seconde) selon laquelle je ne dis pas immédiatement « je suis » mais tout d'abord je dis « j'étais alors, quand je disais que je ne suis rien » et ce constat rétrospectif est une certitude protocolaire. De telles entités logiques, choses ou désignations sont exemptes de constitution seulement pendant le temps que nul n'en connaît rien. Mais si on entreprend de le vérifier, on perd la stabilité et l'autonomie de ces entités, remplacées par un travail de constitution. Presque sottement (mais que dire de la dénégation qui frappe cette sottise ?) , on décrirait cette situation en stipulant que, quand le sujet y est, il y est.

Avec une apparence d'y être avant même d'y être. Même au bord d'y atteindre, le sujet ne sera jamais là où il n'est pas. Évidence empirique, plate et pauvre, mais toujours au bord du démenti. Car son accomplissement doit consister en un événement et en une action. Nous nous rencontrons nous-même là où nous souhaiterions parvenir pour la première fois. L'inchoativité semble nous devancer et ce qui a lieu apparaît comme une rétrospection. Le sujet y est avant d'accomplir l'acte d'y être de propos délibéré. Comme si tout avait été accompli, en excluant l'effet d'une libre et aléatoire volonté. D'où le désir de rétrograder pour refaire mais on ne peut rétrograder qu'en s'appuyant sur de l'effectué, toujours le dernier en date car il faut l'effectuer pour s'en saisir et même pour l'annuler. C'est le cas de l'érésipèle de Monsieur Mersenne et du risque de guérir (ou de mourir) avant la découverte du remède par des *démonstrations infaillibles* [1]. Nous courrons derrière notre produit, qui ne nous devance certainement pas (sinon, qui l'eût produit ?) mais qui devance l'aboutissement de sa catégorialisation, ou « prise de conscience » ou « action réflexive ». Autrement dit le sujet capable de « concevoir [2] » son acte logique est lui-même inclus dans cet acte logique qui consiste en cette « conception ». Créé par ce même acte logique, il n'en déborde pas. La liberté (praxique et conceptuelle) a commencé avec l'existence du sujet et ne s'épuisera pas avant sa disparition. Mais ce commencement, s'il n était pas déterminé, le devient dès qu'effectif. D'emblée libre, le sujet logique, dès qu'il existe, est créateur de fatalité [3].

Tout lien déductif ou causatif peut se décrire rétrospectivement comme l'effet d'un automatisme séquentiel compatible avec la narration d'un convergence de déterminations selon une anamnèse illimitable. Mais cette

---

[1]   Lettre de Descartes à Mersenne (Janvier 1630). *Je suis marri de votre érésipèle (...) ; je vous prie de vous conserver, au moins jusqu'à ce que je sache s'il y a moyen de trouver une médecine qui soit fondée en démonstrations infaillibles, qui est ce que je cherche maintenant.*

[2]   Synonyme de « constituer »

[3]   Et l'étendue chronologique et praxique de ce moment de liberté est inassignable, et n'existe qu'à l'intérieur du processus de son abolition. C'est le mode d'existence de toute liberté.

rétrospection est constituante, et ne fait qu'accréditer la création d'une irréversibilité absolue de l'acte terminal dans l'ordre de l'effectuation matérielle du sens. Le sujet est cet automate mutilé, que sa production même mutile. Mais ce qui le détermine n'est rien sans l'actuation imputable au sujet, par voie de négation d'une impossibilité qui l'imputerait ou à rien ou à autre chose que le sujet, car une telle imputation devrait être encore l'acte d'un sujet. Cette mutilation illustre fictionnellement le fait que s'il y a sens il doit y avoir sujet, et la possibilité d'existence du sens subit les mêmes limites que celles de la capacité constituante d'un sujet. Autrement dit, le pouvoir constituant du sujet est aussi étendu que faire se peut. Réduit à ce que le contexte lui fournit, mais ce contexte est illimitable. En utilisant le terme « le monde » pour désigner ce domaine de l'effectuabilité matérielle du sens, et par dérision, on dirait que s'il n'y avait pas un monde, le sujet se réduirait au rang d'automate produisant on ne sait quoi d'équivalent au sens. Dans les limites de la contextualité dont sa réalité matérielle fait partie, le sujet logique est tout puissant

Et il expérimente la réalisation individuée de cette puissance, qui la réduit. Et cette déchéance semble évitable, en ce sens que sa levée est toujours imminente, même lors de l'actuation de ce en quoi consiste sa rescision. De cette façon, cette déchéance immotivée peut apparaître comme absurde et insensée, et à tout moment résiliable. Quoique l'acte de résiliation l'accrédite et la réitère. Cette tension vers le devant, cette sorte d'antépulsion poétique, philosophique, mystique ou délirante provient de cette circonstance purement protocolaire. En raison du fait que l'acte logique n'est créateur que de ce qui est, et que cette entité ontologique consiste d'emblée en une ostension qui déjà la soumet à son immanentisation dans le domaine du sens effectué (synonyme de « catégorialité ») il peut apparaître comme empêché par l'intrusion de cette matérialité qui sous-tend l'ostension. D'où provient le dessein de contourner le « monde matériel » pour parvenir à une pleine « spiritualité ». Tout en n'ignorant pas ce que cette entreprise relègue dans l'inexistence. Autrement dit, sans pour autant rompre la persistance de la fonction contextuelle. Cette rupture même est constituante, car toute individuation du fait logique retient la contextualité dans les limites d'une cohérence ou d'un voisinage que cette individuation détermine. Si la séquence de la création de sens était algorithmique, même la suspension de l'apport contextuel devrait être programmée. C'est ce qui se passe.

Le sujet est coupable, et, laps, relaps, apostat de l'impossible et habitudinaire de la réduction protocolaire, il le sait. Certains quêtent le rachat moyennant leur propre disparition. Cette connaissance de la mutilation que subit la possibilité logique illimitée qui existerait juste avant son actuation effective (voire sa simple identification) consiste justement en cet acte constituant et ne résulte pas d'une opération après-coup et comparative. Or cette impossible illimitation et toutes ses formes de représentation [1] persistent au-delà de cet accomplissement factuellement terminal. Ce sujet non constituant qui se manifeste dans le travail même de constitution logique, qui englobe sa propre réalité, est le thème de sa perte, et du regret y afférent, inclus dans une vaste classe sémantique où figurent des termes comme angoisse, déréliction, détresse, misère, et tout le répertoire conceptuel patent surtout dans des écrits mystiques ou théologiques [2]. Cette dramaturgie est strictement calquée sur le mode ordinaire de constitution du fait de sens, et, par figure, dans le même lieu, protocolairement terminal. L'inaboutissement de cette terminalité est le moteur de la séquentialité proche, la transcendance constituante immédiate. Machine à logiciser que rien n'entrave. Faux ou vrai, possible ou impossible, inconçu ou conçu, tout est bon à ce qu'il y ait du sens.

---

[1]   Toutes les variantes stylistiques (et auto déniantes) de l'obreption de la condition protocolaire et du dédain à l'égard de la contradiction protocolaire : dire « je ne suis rien » ou « je dis ce qui ne peut pas se dire », ou « je décris ce qui ne peut pas se décrire (faute de modes et d'accidents) » ou « je suis là où je ne suis pas », et d'entières bibliothèques sont remplies de ce type d'exploits, confectionnables ad libitum.

[2]   Saint Anselme (Proslogion), Saint Augustin (Confessions) nous en octroient une riche provende.

La délocution constitutive de l'énonciation afférente à un accomplissement catégoriel quel qu'il soit crée note capacité critique, ou la possibilité du renoncement épistémique. Ce premier pas négatif est indépassable vers une manière (qui serait et non contradictoire et affranchie de cette articulation protocolaire) de produire autre chose que de la fiction, de la poésie, de la théologie et tout ce qui est en dehors d'un exercice critique de la philosophie, au sens d'exercice de la descriptibilité du mode de constitution du sens et d'identification de la condition inchoative implicite en cet acte descriptif constituant. Mais il en va de même pour toutes les formes de l'exercice de repérage et de descriptibilité de l'origine. La terminalité mécanique de cette actuation matérielle du sens crée une figure de son au-delà, car cet au-delà n'est aboli que par l'acte constituant, ce qui autorise à l'identifier come le saut impossible en lequel cet accomplissement consiste. Or, ce « saut », sous cette forme contradictoire, est une réalité pour ainsi dire individuable sous forme de fiction, voire de « fiction méthodologique ». Si on l'ampute du constat de contradiction protocolaire, il se prête même à la narration et à l'illustration de son investissement praxique. Le « saut déductif [1]» qui comblerait le vide post-logique, par exemple, est tentant en raison du mode

---

[1]   Déguisement rétroactif de la démonstration

anticipant propre à la catégorialisation immédiate. Mais l'expérimentation constituante et suivant un protocole est toujours requise. Nous désirons opérer ce saut, car il est en permanence et possible et rescindé, mais « non possumus » car son accomplissement l'annule. L'anticipation immédiate et irréversible s'effectue comme un travail constituant de l'instauration de la catégorialité première, immédiate, pouvant se prolonger jusqu'à la fictionnalité, ou à la conséquence formelle (inférentielle, mathématique) et autorise l'épreuve expérimentale qui correspond au travail de rétrospection constituante. Tout est comme accompli.

III - Objet

Et cependant, dans ce domaine de l'effectuabilité matérielle du sens, désignation que résume le terme « le monde », rien n'existe en dehors du temps que dure le travail de constitution du fait logique. Le sujet ne crée pas le sens, mais uniquement une seule de ses occurrences praxiques individuées que la désignation « chose logique » peut suffire à identifier. Et, en faisant appel à la moins élaborée des empiries, cette occurrence est toujours « la dernière en date ». Car le logique ne commence ni avant, voire « juste avant » ni après, voire « juste après » son effectuation en cours. Ni dans le néant du sens, ni dans la matérialité logique préalablement constituée [1]. Ni dans ce que l'on supposerait être l'étendue (matérielle, spatiale, chronologique) du fait en cours d'effectuation actuelle. Il n'existe pas de fait logique isolable. Quelle que soit son étendue matérielle, le monde et le sens se font en même temps. Ce qui a deux effets. Si un fait logique pour ainsi dire atomique et isolable est exclusif de description non inarticulable, il en va de même pour « le monde », dont la virtualité catégorielle est actuée par l'acte constituant individué. Et même si l'entité logique que désigne le terme d'actuation individuée n'est pas terminalement cernable, ce travail constituant est requis pour qu'un monde contextuel immédiatement effectif se constitue également. Et ce contenu immédiat n'est pas non plus passible de circonscription logique, car sa constitution ne s'achève pas terminalement. Même réduit à un bunker cubique et sans ouvertures, ce domaine contextuel immédiat active la totalité du monde qui peut avoir une réalité logique. Bien entendu, ce monde comporte des modèles et des cartographies, qui requièrent une actuation logique comme tout autre objet du monde, et sont soumis aux mêmes condition protocolaires de possibilité que tout autre équivalent d'objet logique. L'impuissance à constituer terminalement, à limiter, à isoler une occurrence logique

---

[1]   Cette description est inarticulable et son objet est indésignable. Il n'y a pas lieu de chercher plus avant une meilleure dénomination.

atomique est la source de la réalité logique et de la réalité du logique contextuel. Le sujet est un demiurge mutilé.

Cette mutilation est constituante, et si le monde se logicisait de son propre fait (fiction prosopopéique transitoire mais utile) on pourrait dire que cette mutilation est ce en quoi consiste la forme du monde, « le monde » commençant en chaque chose catégorielle. Depuis la plus native des ostensions le monde est déjà différencié et réduit. Réduction qui culmine dans l'apparition d'un entité absolument mutilée, y compris d'elle-même, la substance exempte de modes et d'accidents que décrit Descartes, mais qui surgit ici et là sous des dénominations diverses, dont l'inventaire est indéfini et ouvert à toutes les imaginations. Dieu, l'Être, le Un sont les plus populaires de ces objets. Et cette « forme du monde » épouse la forme de sa catégorialisation, qui peut être symbolisée par le terme « parole » qui subsumerait toutes les formes sensorielles coextensives à cette catégorialité. Autrement dit, ce sont les limites de la possibilité de constituer des faits de sens qui en leur donnant forme rendent possible sinon leur existence autre que logique du moins, et certainement, leur existence logique. Limites imputables aux défauts de ce qui se manifeste, déchu d'une sorte de plénitude ontologique qui à s'accomplir le rendrait tout bonnement inexistant ou du moins exclusif de manifestation. La forme du monde ainsi comprise prend le pas sur la liberté de fonder et de constituer, en requérant cette mutilation de la parole possible en quoi consiste tout simplement son mode d'existence. Le monde fait la parole, mais c'est son seul biais pour exister.

L'autonomie du langage en tant qu'objet logique provient de cette limitation individuante. La « lecture » ne s'ajoute pas au langage, il consiste en cette lecture. Le support sensitif provient de la forme de l'ostension en laquelle consiste le monde manifeste, et dont l'acte logique fait penser au terme ecclésiale de « porrection ». L'ostension n'est pas seulement une expression catégorielle, mais encore une forme d'écriture et le parangon de l'écriture. L'itérabilité de l'acte de déchiffrage implicite en cette écriture correspond exactement à la condition de non terminalité de l'acte logique constituant. Et la restriction formelle, la différenciation signifiante et réductrice qui en limite la formation matérialise la troncature imposée à l'acte logique, combleur insuffisant du dernier en date des manques. La descriptibilité du langage, empirique ou scientifique, résulte du fait que la confection (ou la complexion) du langage [1] correspond strictement à la forme de l'ostensibilité, laquelle matérialise la conversion catégorielle immédiate et irréversible de

---

[1] Comportant même la « double articulation » selon André Martinet (Éléments de linguistique générale). Le « sensoriel » correspondant à l'articulation phonétique (deuxième articulation), et le catégoriel à l'articulation significative (première articulation).

l'ontologique. Le sens est produit par une troncature praxique, soumise à la détermination protocolaire.

La virtualité d'illimitation logique, indescriptible mais illustrable par le dévoilement de quelque chose réduite aux pures déterminations ontologiques (sans toutefois sombrer ni dans l'invisibilité ni dans l'inexistence) est créatrice d'un manque, d'un « vide à lire » qui n'est réel que pendant le travail de création qui lui correspond exactement. Ce manque, ce « vide à lire », cette herméneutique du néant logique est la positionnalité de toutes les fictions du « trans logique » du « trans sémantique » du « trans sémique » du « silence dévoilant », « suspension de la parole » et de toute les autres items de ce même cabinet de curiosités. En effet, il est indéniable, par simple descriptibilité mécanique qu'au-delà du travail constituant il n'y a rien , mais ce « rien » entre lui-même dans le domaine de l'effectuabilité logique, il s'immanentise, et c'est cela son mode d'existence. Et cette immanentisation consiste en une action constituante. Nul sujet ne peut s'affranchir de cette nullité de sens, ce mutisme mécanique, source du manque représenté par un anticipant, et consistant en une sorte de pénétration dans le logique de la virtualité contextuelle. Cette frontière terminale consiste de cette façon en un travail, qui s'illustre en disant que le logique mange son vide subséquent. Sans interruption.

La chose est absorbée par sa réplique virtuelle, relative à

son inexistence et au devenir de cette inexistence, sous forme d'anticipant en voie de constitution logique. Ceci s'applique à toute chose (« chose » incluant les événements en tant que faits logiquement constituables). Et la mort, pour nous, est l'événement qui épouse le plus étroitement la figure de ce vide imminent où se moule l'anticipant, mais un vide exempt de l'individuation en laquelle consiste la chose qui, comme parvenue, ici, provenant d'un avenir vide, est non pas incarnée dans une chose logique, mais anticipée dans un travail de constitution. En clair, et selon le Café du Commerce, la mort, il faut se la farcir. Même sans attribuer une figure (puisée dans un indéfini inventaire fictionnel [1]) à cette circonstance protocolaire inéludable. L'objectalité la plus strictement objective se façonne en ce moule fait de néant mécanique. L'accomplissement logique consiste de ce fait en une non-mort protocolairement obtenue. Et en la perte du sujet doué des pouvoirs du mort, celui d'accéder au sens sans l'amoindrir par son acte constituant. Exempt de la servitude ontologique, libéré de cette condition adventice, imputable au monde, qui requiert un primat de l'acte logique qui consiste à actuer le fait que quelque chose soit.

Ce premier acte logique est aussi un aboutissement indépassable, par la rétrogression implicite dans l'acte de

---

[1] Cadavre, cendres, ténèbres, spectres, rencontres divines et diaboliques et tutti quanti

dépassement, qui l'abroge. Il sera dépassé seulement lorsqu'on aura obtenu un épuisement de toutes les suscitations ontologiques possibles, « en le sachant » (ce en quoi consiste la contradiction protocolaire). Autrement dit si on a actué jusqu'au bout la logicité effectuable du monde. Cette expérience, représentée par des analogons est recherché d'ordinaire auprès d'objets représentatifs de ce statut de dernier et unique objet. Au degré le plus trivial de la quotidienneté, s'extasier sur une fleur, un paysage, un bijou, un ressac, une photo, et cette liste est bien entendu d'une étendue indéfinie. Car c'est ainsi que le choses se passent lors de l'actuation ordinaire du sens, selon une ostension contextualisée. C'est un aboutissement, que son accomplissement spolie de terminalité. La chose accomplit la résurrection du sens et de ce fait celle du sujet logique. Négatrice de néant, elle suscite une forme de résurrection logique, et on oserait presque la boutade, plus il y a de néant, plus il y a de sens. Plus l'abrogation du néant logique est corrélée à une imminence réelle de néant ontologique et plus l'acte logique est requis, même à perte. Mais d'ordinaire nous trouvons refuge à l'intérieur du constitué, très loin de l'assomption de la tâche de créateurs du sens. Et par conséquent à l'écart de la mort à laquelle nous accouple néanmoins la nécessité du déni. En tant qu'acteurs de son annulation, moyennant le monde.

Nous sommes devancés par notre acte constituant et

même par la vérité de notre acte, et si la non vérité consiste en une contradiction protocolaire, ce terme désigne le même fait que l'impossibilité. Cela est possible cependant, et la contradiction protocolaire est d'usage en toutes circonstances, savantes, poétiques ou communes. La réitération d'une telle dénégation est requise par le fait que nous sommes assaillis par des « choses-sens », en débutant (dans l'ordre de la descriptibilité), par nous-mêmes, en notre corporéité. Nous ne sommes pas les « auteurs » du sens, mais les causes de sa catégorialité. Les choses, dont nous-mêmes, semblent nous solliciter opiniâtrement. Comme si, outre le sujet logique, nous étions un autre sujet, ce que nous sommes « juste avant » l'acte ultime par lequel nous sommes une réalité logique. Et ce décalage entre le sujet et son actuation du sens, même si ce travail constituant l'englobe lui-même, est le mode d'existence logique de la contrainte à constituer et de son inépuisabilité, entraînant la lassitude la jubilation ou l'indifférence relatives au fait que « il y a monde ». Ne pas dénier l'impossible provient du fait que l'acte logique provient de l'impossible, et que la catégorialité de cet impossible est illimitée. Et sa conversion logique peut consister en une forme de rétrogression vers le stade de l'impossible, du « pré-logique », du « réel tel qu'il était » ou de l'accréditation de la description d'un tel état. Même une fantaisie utopique doit représenter le « pré logique » et consister en une tentative de de recouvrer. Ce qui n'est pas admissible dans le domaine scientifique, logique ou philosophique est de mise lorsqu'il s'agît de productions empiriques, poétiques, mystiques, contemplatives, délirantes, et toutes les autres, ad libitum.

66ième proposition

L'au-delà producteur

La constitution du sens est le remède à la péremption de son effectivité.

Préquestion

Sauf si on peut décrire un état du sens non immanent, par voie d'une sorte de redoublement transcendant ou protocolairement nul, quoique existant et existant en quelqu'un et pour quelqu'un, un état de sens ne devrait jamais être inachevé, partiel, dépourvu de réflexivité et de stricte univocité. Un germe, un embryon, une amorce de sens, une « partie » ou un fragment de sens, à la manière dont Descartes exclut la concevabilité d'une partie de l'âme, ne serait ni concevable, ni descriptible, ni même repérable. Dès le commencement de son effectuation catégorielle, si ce commencement est un fait de sens qui ne peut pas avoir lieu dans l'inexistence de sens, il doit y avoir une passivité du sujet, récepteur plutôt que producteur de l'effectuation logique. Ce sujet accomplira de cette façon une sorte de dépassement pur, sans instant d'arrêt, un saut en longueur sans « coup de pied d'appel » et qui se déroulerait exclusivement au-delà de la ligne d'appel. Cette réception provient d'un réel non logique que cette réception logicise. Et le sujet lui-même est inclus dans le répertoire de cette matérialité contextuelle. Matérialité putative, car sa reconnaissance en tant que matérialité doit consister en un acte logique, l'accomplissement d'une logicisation, même s'il s'agît de l'acte qui consiste à dire ce qui peut se dire et savoir au sujet de cette matérialité. Ce sujet récepteur n'est rien « avant » que cette réception n'ait lieu. Réception et constitution logique sont strictement coexistantes et simultanées. Ce qui inclut la catégorialisation de ce en quoi le sujet lui-même consiste.

Cette genèse mécanique est étrange [1] car un fait logique qui existerait intégralement depuis son commencement serait contradictoire avec la possibilité de le décrire, décrire étant un acte constituant, progressif, nanti d'une durée et affecté d'une sorte d'incomplétude dont cet acte descriptif aura été lui-même la résolution, en fin de compte. L'acte constituant semble devoir consister en une complétion aboutie. Mais l'indescriptibilité d'un fragment de sens, ou bien sécable ou bien atomique et irréductible, élément d'une suite discrète ou moment d'une croissance continue impose d'accepter l'injonction logique qui

---

[1] Et elle suscite la légende explicative et rassurante d'une source transcendante, que cette transcendance soit imaginée par en haut, ce qu'illustre le mythe pentecôtiste et son image de descente du Saint Esprit sur la tête des apôtres, ou par en bas, représentée par la voix de l'Instinct, du Corps, de la Nature, de la Terre et tutti quanti. Mais elle oblige et fait penser, tout en fournissant à la pensée un carcan inviolable, ce que la pensée requiert.

oblige à considérer le fait logique comme « né complet », du moins dans sa période de vie qui correspond à l'actuation par un sujet, ce qui épuise cette durée de vie. Deux postulations s'ensuivent, le sujet ne crée que ce qui est, et ce qui est n'existe que lors de sa création, ceci valant pour tout le domaine du sens déjà matériellement effectué, autrement dit le monde et toutes les formations catégorielles [1] intrinsèques à son ostension. Nul ne peut « y aller voir » pour constater la plénitude de ce dépôt en esquivant l'articulation protocolaire. Mais la descriptibilité de l'actuation matérielle du sens crée cette certitude : « il y a un monde » source du sens qui peut se constituer. Ou alors, ou bien le sens n'existe-t-il pas ou bien est-il dissociable du monde, autrement dit du domaine contextuel manifesté par son effectuabilité matérielle. Voir le monde « tel qu'il est, en sa pure apparence sensible » est un exercice poétique et métaphysique légitime et délectable, entendu comme tel, mais accomplissable seulement si on scotomise le fait que cela « est vu » [2].

---

[1] Sensorielles et verbales, des choses brutes aux inscriptions symboliques.

[2] Source de désappointement touristique, qu'illustre le constat de Lanzmann dans « Le lièvre de Patagonie » : *Même si je sais voir, même si je suis doué d'une rare mémoire visuelle, le spectacle du monde ou le monde comme spectacle renvoie toujours pour moi à une dissociation appauvrissante, à une séparation abstraite qui interdisent l'étonnement, l'enthousiasme, déréalisent à la fois l'objet et le sujet.*

Ce qui contredit le postulat descriptif qui soutient l'hypothèse (empirique, intuitivement plausible et convaincante mais aussi tautologique) qu'au-delà de l'aboutissement d'un acte logique constituant, il n'y a encore rien. Ce qui requiert l'invention (la descriptibilité) de cet aboutissent, de cette extrémité praxique, et terminale et dépassable. Un état de choses dont en quelque sorte le logique n'aura jamais connaissance. Car l'acte descriptif relatif à cet état de choses est lui-même déjà dans cet au-delà de l'acte constituant. Et c'est la condition qui détermine toute actuation logique. L'acte constituant non seulement ne provient-il pas de « nul sens », au début, mais tout le long de l'effectuation catégorielle en laquelle il consiste il est déjà dans le sens. Il ne va pas de l'avant vers un aboutissement dépassable, il consiste en l'accomplissement catégoriel inépuisé d'un anticipant « déjà passé [1] », qui provient de l'effet imputable à cette production constituante. Pour que l'acte logique ait lieu cet anticipant est requis et pour que cet anticipant ait lieu il est nécessaire qu'il soit déjà réel avant que sa fonction d'anticipant ne se matérialise par son accomplissement, qui consiste en une présentification. On ne peut pas dire « il y a monde » mais « il y avait — donc — monde », ce dont on ne peut être sûr en absence

---

[1]   Cet état de « déjà passé » est actué par l'acte constituant, car nul n'est en mesure de regarder le passé, comme un film, pour y repérer des contenus.

de ce travail actuel constituant. Et nullement comme le fruit d'une observation neutre, non créatrice, non productrice et exempte de servitude protocolaire. Ce qui se constitue en cette constitution n'est pas un objet singulier, individué, unique et fixe, comme si le monde livrait ses contenus un à un, pièce par pièce, au compte-gouttes, c'est une représentation du domaine contextuel tout entier que l'acte de sens actue. Non seulement il existe plus d'une chose, mais « une chose » est déjà « une autre chose » car l'effectuation de l'anticipant n'aboutit pas à le transformer en chose terminée, mais produit un autre anticipant. Non pas des items déconnexes, au gré du hasard, mais liés entre eux par la non discontinuité de l'acte logique. Liés « après coup », (mais tout constat est « après-coup »), même si on entreprenait de les envisager comme épars, hétérogènes et sans cohésion entre eux. On ne sait pas s'il y a une unité logique du monde, on sait que l'acte constituant l'instaure [1], ou « nous y réduit ».

---

[1] Le sujet semble libre de choisir dans le monde contextuel ce qu'il entend constituer catégoriellement. Mais depuis sa gestation (et même avant) et sa localisation dans le monde, la détermination protocolaire restreint cet arbitraire, et de tels choix proviennent et font partie de cette détermination, tout en la façonnant. Détermination nécessaire, et constitutive de fatalité dès qu'accomplie. C'est cet aléa constant que, selon Malraux, dans l'Espoir, (cité par Sartre dans l'Être et le Néant) la mort transforme en Destin (*Ce qu'il y a de terrible dans la Mort, c'est qu'elle transforme la vie en Destin*). Mais cette transformation est continue ou impensable.

I — ÉTAT

L'existence du domaine contextuel, ou de l'effectuabilité matérielle du sens, désignable par la paraphrase abréviative « le monde » consiste en un acte et non en un état observable, ce qui découle du fait que cette « observation » est un acte constituant, une conversion catégorielle de l'état de choses purement ontologique, inaccessible en dehors de cet acte de conversion. En plus concis, « ça se dit ». C'est même la stricte initialité de sa manifestation sauf là où il n'y a aucun sujet. De cette façon, il existe une stricte identité logique entre le contenu d'une boîte scellée ensevelie au plus profond de la face cachée d'une planète lointaine et la tasse de café posée sur la table devant nos yeux. Cela existe lorsque cela est constitué, et un simple regard instaure immédiatement et irréversiblement son ostension, son « entrée en catégorialité ». La mention d'une chose absente est possible parce que toute chose présente requiert un travail du sujet, et est en quelque sorte imaginée et ramenée au présent. Le résultat de l'acte constituant est irréalisé par son propre aboutissement en tant que constitué. Dans la série d'ostensions représentables par la tasse de café présente et tangible, le sphynx, la boîte scellée ensevelie au plus profond de la face cachée d'une planète lointaine et la pierre de Descartes qui n'a jamais encore été, si on part de l'ostension sensoriellement vérifiable toutes les autres deviennent de ce fait impensables, et leur mention n'aurait pas dû (ni pu) avoir eu lieu. Or il est licite de supposer que tel n'est pas le cas. Et la chose présente, en tant qu'ostension terminalement constituée en fait logique demeure toujours à constituer. Cette sorte d'échec ontologique est constitutif de la possibilité du logique en tant qu'acte constituant. Qui puise aux sources de l'invisible, de l'irréel, du périmé, de l'illisible tel qu'il l'a lui-même produit.

Le logique s'effectue par voie d'échec et de transgression relativement à un modèle intuitivement naturel, voire orthodoxe, conforme à une description canonique selon laquelle il y a dissociation entre le sujet, le mot et la chose, celle-ci étant constituée et passive. Et selon une narration conventionnelle qui stipule que la chose est là, le sujet arrive, constate sa présence et son identité, et lui assigne un nom. Ce qui requiert que chacun de ces items soit descriptible et que l'on puisse parvenir au logique (ce qui consiste en un acte logique) à partir de l'extérieur du logique. Une telle description est inarticulable et ce récit est de ce fait nul et non avenu. Le logique doit se générer dans sa propre existence et à partir de sa propre existence. Et il doit exister en cet acte de génération, dont le maintient requiert l'échec et de l'acte constituant et de la catégorialisation implicite dans l'état d'ostension immédiate et irréductible. Cette contrainte est la positionnalité des figures du « non échec » et de sa description [1], qui en réitère l'échec, autrement dit l'impossibilité protocolaire. En matière de constitution de sens, et lors de son effectuation, il est trop tard pour le néant logique, que cette effectuation rescinde. Cet événement est toujours révolu, si sa réalité est de l'ordre du logique que cette rescision réitère. De cette façon, le sens est l'au-delà d'un néant individué sous forme d'accomplissement dont l'aboutissement est une abolition logique. Ce qui termine en devient logiquement nul, et de ce fait illisible. Autrement dit, à constituer et à lire. Sauf si le sujet n'existe plus.

Il n'y a pas de logique sans péremption de son constitué, et l'acte logique est le mode dont cette péremption a lieu. Pour repérer un point sur l'échelle chronologique où il y aurait détermination de sens sans qu'il y ait de passé, il faudrait remonter de proche en proche au tout début de l'Univers, et même avant si la science le stipule, car même l'existence d'un humain est soumise à cette détermination indéfinie, et provient de cette même continuité causale [2]. Mais cette péremption est strictement localisée, elle est strictement coextensif à l'acte

---

[1]   Textes « sacrés », parole divine, et toute sorte d'apophtegmes institutionnalisés.

[2]   Et le témoin de cette nullité préalable, même extrêmement lointaine, et aussi lointaine fût-elle, en déterminerait sa rescision du seul fait de son témoignage.

logique. Elle a lieu quand et seulement quand l'acte logique a lieu. Et seul l'inexistence d'acte logique sauvegarderait le constitué à condition que cette extinction consistât en un acte logique. La péremption du constitué est intrinsèque à l'acte constituant, et affecte la totalité du constitué, dont l'actuation logique coïncide avec la péremption. Par figure, la descriptibilité de cet acte constituant peut s'illustrer par l'image fictionnelle d'une totalité illimitée du domaine du sens effectuable qui est venue se sacrifier localement au profit de l'actuation en cours. Laquelle ne serait rien sans cette opération sacrificielle. Et pour vérifier l'historicité de cet événement, le sujet doit le recréer, tel quel.

Ce travail de péremption n'est pas un anéantissement, il correspond strictement à l'existence de la condition protocolaire, autrement dit à le nécessité de l'action constituante imputable au sujet. Cette péremption n'est pas expérimentable directement, et nul ne peut « observer le constitué frappé de péremption », sauf si on y pouvait commettre un sujet « inerte » et non productif qui n'en demeurerait pas moins « logique ». Cette impossibilité se produit par excès, car constituer un fait logique et « observer » un constitué logique de quelque nature qu'il soit consiste en un seul et même acte. Et même le dessein de dénier cette condition doit s'y soumettre et la rééditer. Car si on avait pu établir un état d'inexistence de constitué, et si cette opération réussissait, elle aurait individué ce constitué anéanti, et aurait elle-même en fin de compte (et même en cours de route) consisté en ce même état de constitué soumis à péremption constituante. On ne « voit » pas le vide logique et cet empêchement consiste en un cas d'effectuation de sens. Et observer cet état de choses se produit selon la même législation protocolaire que celle qui soumet l'acte constituant, autrement dit par voie de péremption constituante. Mais si l'acte logique est le seul mode d'existence réelle du fait de sens, il se pourrait qu'un sujet puisse en produire un, sans recours à l'apport contextuel, autrement dit « ex nihilo », et n'en plus rien savoir , ce qui requérait une instantanéité absolue et la production d'un événement logique préservé de toute forme de connaissance avant, pendant et après. Ce qui, dans l'ordre de l'effectuabilité matérielle du sens, vaut inexistence.

De cette façon, ce domaine du constitué à constituer est dépendant de ce travail descriptible comme ayant lieu entièrement après-coup, dans cet au-delà du sens où le sens commence à s'effectuer. Comme une zone de fragilité dont pâtit ce « quasi constitué », un corps de doctrine ou de convictions empiriques. En toute effectuation le sens subit une épreuve de descriptibilité, comme l'animal qui subit une phase de mue privée de téguments. Toute l'histoire des sciences, de l'art, des idéologies, voire des croyances sociales et des simples modes vestimentaires et langagières en sont balisées. Des remaniements tardifs qui changent la totalité de l'état contextuel ou du « thésaurus » logique constitué. D'autant plus prévisible que ce corpus indéfini est à la merci de l'acte constituant, même si cet acte est purement mnésique. Mais il est établi que la simple anamnèse est un travail et nullement une reproduction plus ou moins fidèle d'une réalité figée dans un passé. Des cas privilégiés (ou plus saillants) de cette condition créatrice (en bien et en mal) de la reconstitution, sont à puiser dans les archives médicales, policières, psychothérapeutiques, littéraires et même dans la plus triviale des quotidiennetés. L'anamnèse est une création. C'est même ce en quoi consiste l'acte logique.

Même s'il y a synonymie entre « le logique » et « le monde », en ce sens que le monde est (quand il est pour nous) comme ostension, donc déjà de nature catégorielle, il n'y a de réalité logique que sa descriptibilité oblige à localiser comme un « translogique ». Ce « translogique » commence d'être, mais cette inchoativité indéniable ne succède pas au néant, du moins cela ne se pense-t-il pas. Il y a inchoativité nécessaire dans la condition protocolaire (indéniable, car le mode d'existence d'u fait de sens exempt de la condition protocolaire d'inchoativité est exclusif de description) car ce monde, forme effective de la conversion en réalité catégorielle du domaine de l'ontologique, n'est pas susceptible de visite « in situ », d'observation, voire de prélèvement. Or « ce qui est peut ne pas exister » si cela dépend d'une action du sujet, ce en quoi consiste l'imminence d' hiatus (réduit à cette imminence), source de l'illusion d'une persistance sous-jacente sans acte constituant due à l'impossibilité de « réaliser » (par image, par description, par expérience) l'hiatus. Établir un hiatus est un acte logique qui le rescinde. Or l'imminence d' hiatus est réelle et ininterrompue, même si l'effectuation d'un tel hiatus est exclusive de description non inarticulable. « Faire du sens » n'est pas une contrainte, n'est pas un impératif, cela peut ne pas être, à tout moment, et l'épisode de cet anéantissement est susceptible d'observation et de témoignage. Il suffit de voir quelqu'un mourir, ou perdre son fonctionnement cérébral pour supputer ce néant. Qui n'est cependant pas un « néant logique », ni nul fait logique de quelque nature que ce soit. En tant qu'imminence, ce néant est documenté par ce qu'il en est du destin du constitué passé, dont la mort logique requiert une nouvelle incarnation, même si c'est une mort qui n'existe pas en dehors de cet acte anamnestique, qui est une création en ce sens que sans cela rien ne serait. Condition essentielle et non pas traitement après-coup d'un objet passif. L'accomplissement effectif du sens se procure à lui-même sa négativité terminale irréversible. Le logique fut. Nous agissons dans son au-delà, et c'est tout le logique qui existe.

On peut dire ceci en ces termes simples, nous sommes créateurs et nous ne cessons pas de créer. Ce qui n'identifie pas une sorte de « faculté en plus » ajoutée à la réalité du sujet, mais désigne ce en quoi consiste immédiatement le fait d'être sujet. Fait qui ressortit à la pure contingence initiale, dont l'inauguration lointaine, la plus lointaine que l'on puisse imaginer, est inassignable. Mais le sujet est réduit à sa créativité, et exclu du droit de s'en approprier, une fois accompli son travail constituant. Non seulement il perd le « translogique » ou le logique « trans-protocolaire », mais il perd même le logique qu'il s'emploie, de force, à constituer. Et cette perte consiste en un recouvrement péjorant, par rapport à l'état de constitué terminal, et à l'état d'existence réduite aux seules déterminations ontologiques. Même en ce qui concerne son extériorité, le sens est soumis à une stricte immanence, provenant du fait qu'il se réduit à l'acte constituant. Le plus extravagant produit du désir de franchir la frontière de l'immanence protocolaire, vers les proférations imputables à un Logos, à un Prophète, à un Maître (ou à un Guide), ou vers des entités affranchies de la condition d'ostensibilité, sirènes ou centaures, ou exclusives de production protocolaire, comme Dieu, l'Être, le Un, sont confectionnés avec le déchet de cet acte constant, le constitué terminal pour lequel l'acte d'en savoir quelque chose (donc de le constituer) est annulant. Ce qui se perd, par l'acte logique, est en réalité ce qui en est rejeté.

Par figure fictionnelle, en personnalisant « le logique », mais conformément à une descriptibilité réelle, le logique s'écoute, il sait ce qu'il fait, il connaît la perte dont il provient, sa réflexivité est immédiate et totale. Il consiste en cette réflexivité, que la condition protocolaire et sa dépendance quant à l'ostensibilité contextuelle rend anamnestique. La fiction de la réminiscence platonicienne ne dit pas autre chose et provient de cette condition protocolaire. Et elle ne s'applique pas aux « idées », mais à la plus immédiate et la plus strictement contingente des ostensions, même en leur forme élaborée d'exploit conceptuel. Voir [1] est procéder à la reconstruction d'une entité catégorielle donnée et perdue. Il n'y a pas d'énonciation relative au pur présent, et même l'énonciation la plus immédiatement réflexive (par exemple « je suis ») est délocutoire. Elle comporte le récit implicite « j'ai dit que je suis » le décalage chronologique et praxique qu'impose le travail constituant, descriptible comme une écoute, obligeant à traduire ainsi « le *je* que j'étais a dit *je suis* ». L'immanence du sens relative au domaine de son effectuabilité matérielle a son origine dans un au-delà, dont le sacrifice protocolaire est requis pour que du sens s'effectue. Les fictions de l'au-delà et du monde et du sens proviennent de cette condition pauvrement humaine, platement praxique.

---

[1] « Voir » comme paraphrase de toute saisie sensorielle

L'accomplissement logique actuel requiert l'accomplissement effectif de la totalité du sens possible ce qui revient à reconnaître le fait indéniable (et artisanal) que l'acte constituant consiste et à créer et à rescinder le translogique. C'est le mode d'existence du translogique, et cette rescision dure ce que dure le travail d'effectuation matérielle [1] du sens. La réalité du translogique consiste en ce travail [2]. L'acte logique constituant ne consiste pas en « convertir le monde en sens » mais à actuer le sensé exclusif d'alogique, autrement dit l'ostension constituée, qui existe ainsi seulement dans le travail constituant, mais qui ne peut pas être autrement, relativement à la nécessité de cette effectuation. Ne pas « regarder » (par métaphore) le constitué n'en sauvegarde pas l'intégrité, le regarder en actue la virtualité logique sans aboutir à une terminalité et accomplissable et dépassable. Même à un degré d'élaboration catégorielle extrêmement réduit, le logique est un dépassement. Dépassement constituant réduit à sa fonction constituante indépassable et qui fait exister le dépassé. Nos négligeons souvent ce truisme dérisoire, vital cependant, selon lequel pour qu'il y ait du sens il est requis qu'il y ait du sens. La conversion

---

[1]   Même s'il était possible de repérer d'une manière ou d'une autre (non descriptible et non narrable) l'existence d'un sens immatériel, d'une existence immatérielle de sens, tout autant qu'une pure matérialité exempte (encore) de sens. Le repérage de ces entités les convertirait en acte d'effectuation matérielle de sens. C'est ce qui a lieu.

[2]   Il n'existe pas de logique irréalisé.

catégorielle ne survient pas « un instant après » la manifestation quelconque, toute manifestation consiste en cette conversion. Ce qui justifie l'emploi du terme « ostension » au lieu de « manifestation ». Cette perte de la possibilité de manipuler du constitué logique s'accomplit par le fait que toute « manipulation » de sens constitué est un acte constituant et créateur. Même l'acte de faire tourner un moulin à prières, ou de traiter un « corpus » déjà constitué.

Ce sont des représentations d'une entité dont la description est inarticulable (mais existante à l'acte constituant près), le fait de sens matériellement effectué mais exempt de toute saisie par un sujet. Ce monde tel qu'il est quand je n'y suis pas, ou quand je « ne le conçois pas en mon esprit ». Le monde duquel je suis l'expulsé, non pas vers l'alogique, mais vers le réel logique en voie de constitution. Et moyennant cette restauration ce domaine du constitué catégoriel n'est jamais anéanti. Plus justement, la vérification de sa nullité est protocolairement contradictoire. Sa non-nullité est continuellement instaurée. Et sauf à actuer du vide, la descriptibilité de l'acte constituant du fait de sens nous réduit à statuer que le sens est à venir [1], mais seulement le sens qui est là, faute de manifestation non logique. Nous sommes expulsés du constitué, qui représente pour le fait

---

[1]   Et cet état de « à venir » est constant

catégoriel le statut de chose, définie par des déterminations seulement ontologiques. Cette expulsion a lieu par voie de création catégorielle, et se laisse qualifier également en tant que libération du carcan ontologique, ou de la matrice ontologique. La non discontinuité ne provient pas d'une cause extra-protocolaire, elle consiste en la résolution praxique de l'imminence d'inexistence de l'acte constituant. Positionnalité de l'indescriptible survie du sens à la disparition du sujet. Cette inexistence du sujet est en même temps la source des fictions et du sens non effectué mais existant cependant et ce que l'acte logique rescinde pratiquement. Cette pratique est protocolaire car déterminée par tout ce qui constitue le sujet, y compris sa productivité logique, à la façon d'un corpus de règles, ou d'une organisation algorithmique de ses déterminations, y compris contextuelles.

Le manque logique est un état permanent, et documenté. D'innombrables dépositions, orales, écrites, symbolisées nous en fournissent des exemples de réalisation effective et d'individuation. Ce n'est pas un manque vide, mais un manque toujours effectué, et représenté par la figure d'une existence autonome, substantielle, non agie. Toutes les coquecigrues magiques, théologiques, marchandes, idéologiques, utopiques, et même relevant de la petite empirie du quotidien, du besoin ou du désir [1] illustrent ce mode d'existence du logique, relative à son existence affranchie de la condition protocolaire, et de la dirimance qui les affecte lors de leur effectuation logique. Réduction qui n'intervient pas en un deuxième temps, immédiatement postérieur à une forme d'actuation non dirimante de l'ontologique, à laquelle on pourrait librement ancrer sa pensée, mais réduction qui est ce en quoi consiste le mode d'exister de ce stade ontologique, sous la forme d'une perdition catégorielle. Cette besogne sacrificielle est coextensive au logique, en étendue selon la matérialité de son effectuation, et chronologiquement, conformément à sa diérèse praxique. Il n'en aura jamais fini, et de cette façon le monde ne cesse pas d'exister. L'abandon pur et simple du faix ontologique coïnciderait avec la disparition du sens. Non seulement le logique n'anéantit pas le monde, mais, en quelque sorte, il aime le monde [2].

Même dans l'horreur de devoir constituer l'insoutenable. Cette entité imminente, le sens autonome et indépendant de condition protocolaire (le stade ontologique de la catégorialité) est et un recours et une fatalité. Le fait de devoir le constituer y instaure une incertitude, frappe de doute le pire. L'empirie

---

[1] Un penseur à l'humour amer nous offre ici une illustration de cette condition logique :*Il y a deux tragédies dans la vie : l'une est de ne pas satisfaire son désir et l'autre de le satisfaire.* Oscar Wilde — L'Éventail de Lady Windermere.

[2] Ce dont témoigne entre autres l'art, la poésie, la littérature, la contemplation et la gourmandise.

primaire nous signifie qu'il y a des degrés dans l'apparition de cette entité, toujours catégorielle, (ce qui n'est pas une qualité « statique » et essentielle mais un travail) ostension ou acte de langage mais substantialisés, du ravissement devant un beau vers au heurt des orteils contre le pied de table [1] ou même la chute de l'armoire normande qui m'écrase [2]. Et cet incident, à des degrés et des intensités divers, est continu, la matérialité ne cessant pas de venir faire, ici et moyennant le sujet, acte de conversion logique. Autrement dit « devenir sens », et c'est en ce devenir sens qu'elle est quelque chose pour nous et relativement à nous. La douleur elle-même est un acte catégoriel, tout autant que l'acte de mourir. Mais rien n'est « purement » catégoriel, il n'y a pas d'un côté le catégoriel et de l'autre côté l'ontologique, le catégoriel étant ce qui est en train de se <u>catégorialiser</u>. Sauf s'il y a un autre monde, exempt de conversion logique. Nul ne le sait et si quelqu'un le sait il doit pouvoir en rendre compte, ce qui ruine son dessein.

Mais ces privilégiés sont légion. La possibilité de désigner l'indésignable tout en le distinguant d'autres indésignables provient de leur source commune dans l'impossibilité de désigner, de caractériser, de décrire, ou de narrer. Et cette impossibilité est susceptible de spécification. Il suffit d'utiliser la

---

[1]   Article « chacard » dans le dictionnaire Le Baleinié (Seuil)
[2]   Inspiré de l'album <u>Les fous sont lâchés</u> — Christian Binet, 1987.

paraphrase déniante de toute qualification restrictive et compatible avec la condition protocolaire [1], et feindre de pouvoir refaire la succession constituante, pour recouvrer ce que cette constitution a perdu, et qui n'a jamais existé qu'en cette perte protocolaire. Or le mode minime et irréductible de cet acte dirimant est la désignation, réduite à un signal déictique mais lexicalisé. Ce monstre catégoriel est multiforme, et indéfiniment façonnable [2]. Sa génération est implicite dans le mode ordinaire de constitution du fait de sens, d'où provient sa positionnalité. En effet, cette déchéance du monstre catégoriel est intrinsèque à toute constitution de la catégorialité qui consiste en cette déchéance, immédiate et irréversible. L'ontologisation du fait catégoriel est possible parce que toute connaissance du fait catégoriel est anamnestique. Et finalement, la consistance de cette entité paradoxale est compatible avec l'anéantissement du suppôt de la détermination protocolaire, et cette annulation est continuellement imminente et rescindée seulement par la

---

[1]   Pourquoi cette transgression existe-t-elle et quelle est la cause du désir d'impossible, ce sont deux questions hétérogènes à la seule quête pertinente dans la question de l'inchoativité logique, laquelle tend à obtenir uniquement et le constat et la démonstration de possibilité. Par le moyen d'un travail descriptif et destiné seulement à attirer l'attention sur l'indéniable.

[2]   Les désignants de cet objet perdu sont innombrables. Le Un , l'Être, l'En-Soi, Dieu, la Nature, l'Homme, le Logos, le Noûs, la Raison, l'Entendement, la Race, le Sang, le Sol, le Peuple, le Tao, et ainsi de suite (tous les noms de l'indésignabilité) mentionnés comme cible d'un recouvrement possible.

continuité de l'acte constituant. Autrement dit et pour faire formule (mnémotechnique) le sujet agît dans la perdition du logique et dans sa propre perdition. Si on peut caractériser sa place relativement à l'existence matérielle du sens constitué, ce serait par des termes comme son expulsion, sa relégation, son expatriation, sa pérégrinité. Ou le marcottage de sa créativité logique.

Car l'acte logique le plus rudimentaire est producteur de réalité translogique. L'au-delà du sens est notre terroir naturel, même si la descriptibilité de cet au-delà n'identifie que des produits de déchet. Derelicts catégoriels, persistance putative de toutes les traces matérielles de l'acte constituant, d'une sensation remémorée ou actualisé par le biais d'une mimétique, jusqu'à l'entassement de savoirs inscrits, d'archives érudites, de corpus pertinents, qui documentent cette espérance de dépassement de la condition protocolaire, en l'occurrence paraphrasable comme une lecture [1]. Ce qui consiste en un modèle (plus exactement la

---

[1] Paraphrasable à juste titre, si on critique le schéma ternaire, le sujet, l'acte de lecture, l'objet lu. L'objet lu n'est que l'acte de lecture. Et il existe si le sujet existe, aussi longtemps qu'il existe comme sujet logique et constituant, en même temps du fait catégoriel (du fait logique) en lequel lui-même il consiste.

positionnalité) des écrits dits sacrés [1]. Mais la permanence de ce dépôt, qui matérialise l'impossibilité d'une constitution menée à un degré terminal qui susciterait la possibilité d'une transcendance trans-constituante, d'une transcendance seconde, ou transcendance de transcendance est actualisée en tout cas de constitution catégorielle individuée. Platement, ceci se dirait « s'il n'y avait rien il n'y aurait rien ». On ne peut pas descendre plus bas dans le truisme, ni aussi loin lorsqu'il s'agît de le dénier. Ces traces effectives d'un échec à constituer le réel logique sont tout ce dont le logique dispose pour se constituer. Ce qui s'établit par double négation, on ne constitue pas de l'inexistant, même si l'existant logique est soumis à cette condition constituante. La discontinuité de cet apport contextuel est abrogée par son actuation, mais pas avant. L'aléatoire contextuel [2] est la source de cette unification.

---

[1] Et, en version profane, les livres dans la bibliothèque. À ce sujet, un personnage du livre La route des Flandres de Claude Simon répond à la lettre de son père, qui se désole du bombardement de la bibliothèque de Leipzig : [...] *si le contenu des milliers de bouquins de cette irremplaçable bibliothèque avait été précisément impuissant à empêcher que se produisent des choses comme le bombardement qui l'a détruite, je ne voyais pas très bien quelle perte représentait pour l'humanité la disparition sous les bombes au phosphore de ces milliers de bouquins.*

[2] Caractérisable comme la mobilité du sujet constituant qui ne voit pas « une chose et autre chose », mais, en la voyant (par métaphore) voit toujours « autre chose ». Le « une chose » est exclusif de catégorialité.

L'apport contextuel continu interdit la résolution définitive de la possibilité de parvenir au translogique, au sens d'un domaine de l'ostension signifiante exempte d'intervention constituante, et de ce fait également de condition protocolaire. Cette inépuisabilité a lieu par voie d'action logique et n'est ni déductible ni descriptible. Purement apophatique, car sa position subit la condition de double négation. La description de l'épuisement ou de la résolution ultime et irréversible de cet apport contextuel (ou le « monde à logiciser ») consiste en une contradiction protocolaire, non pas en général, mais seulement lorsqu'elle est effectuée. Ce monde à logiciser n'apparaît que dans le travail de logicisation, même s'il ne s'agît que de réitérer son actuation ou de participer de son ostension immotivée ou indéfiniment déterminée, ce qui est synonyme. De cette façon, l'acte catégoriel ne s'abolit pas en son effectuation, il n'est pas sans fruit. Producteur de ce qui n'était pas, mais qui n'apparaît comme tel que lors de son effectuation, et qui n'est pas encore constitué pendant le déroulement de cet acte constituant, il engendre du translogique, de ce qui vient en sus du logique, et à quoi se réduit le logique soumis à la nécessité de l'acte constituant. Le translogique consiste en ce produit effectué de l'acte constituant, conversion continue en fait logique de la virtualité d'un « au-delà à constituer ». Le mode d'existence de cet au-delà du sens existe uniquement en tant qu'anticipant

contextuel d'un accomplissement à venir et, cet accomplissement
étant exclusif d'aboutissement terminal dépassable, il continue
d'exister de cette même façon. Cette situation protocolaire
n'étant ni réductible ni dépassable, la persistance de ce possible
et de cet échec convertissent ce « translogique » d'état de choses
fonctionnel en projet asymptotique. Ce qui légitime (en en étant
la positionnalité) toutes les figures d'un translogique non
fonctionnel, exempt de condition protocolaire non discontinue.
D'innombrables comportements protocolaires auto annulants
soutiennent cette fiction et la préservent ainsi de critique
protocolaire. Par exemple, les opérations noétiques qui relèvent
de l'illumination, de l'extase, de la transe, de l'onirisme, du délire,
miment cette exemption de condition protocolaire, ce retrait de
réflexivité qui unifierait l'esprit, tout autant que le fait la totale
stupidité caractéristique entre autres de l'huître, magnifiée par
ailleurs sous la désignation de « omniscience » ou plus
modestement de « inerrance ». Ce qui n'enfreint que
l'irréversibilité de la déchéance de cette entité logique exempte
de réflexivité constituante, récupérable uniquement par le biais
de l'anéantissement du sujet, mimé, imaginé ou effectif, assortis
de représentations d'un monde du sens autonome, exempt de
réflexivité constituante, et, si on souhaite entasser des
qualifications irraisonnées, fondamental, substantiel, essentiel.

Actif dans les flammèches de la Pentecôte, dans l'Être en tant qu'Être, dans un Numen olympien, et ainsi de suite, ad libitum.

II Processus

Toute effectivité logique consiste en cette matérialité catégorielle accomplie au-delà de la dernière en date des effectuations. Cet accomplissement factuellement dernier, ou « dernier en date », est totalement irréversible, ce qui signifie que nul sujet ne peut y faire retour, pour voir. L'irréversibilité n'est pas stipulée en raison d'un constat, mais consiste en un acte effectif. L'inaccessibilité du constitué requiert une reconstitution de ce en quoi il consiste, et une anticipation de l'impossibilité d'y accéder en un mode (indescriptible) non constituant. Cette fiction est une figure anticipatrice de la réussite d'un saut transcendant, au-delà de la transcendance constituante (praxique) dans un domaine de la réalité logique affranchie de sa dépendance au travail constituant et à la réflexivité. Ce à quoi le sujet atteint, à son actuation près. La créativité primaire (immédiate et irréversible) est dans ce cas intrusive et péjorante. Comme en toute satisfaction, le besoin logique comporte le dessein de sa propre abolition définitive, une fois pour toutes, d'un seul coup, ce qui requiert la neutralisation logique du sujet. L'inventaire des occurrences de cette manœuvre de neutralisation est indéfini, voire illimité. Quête d'ataraxie, béatitude, extase, sagesse par le moyen d'exercices spirituels, de thérapies apaisantes, de consommation d'alcools et de narcotiques par exemple, que cette cible soit immédiate ou asymptotique. Manœuvres qui proviennent de l'inexistence d'un accès non constituant à l'effectivité contextuelle. Situation descriptible comme une privation par excès. En d'autres termes, toute effectivité actuée quelle qu'elle soit, du plus fruste niveau d'ostension matérielle à la construction verbale la plus élaborée devient acte logique actuel, dont l'effet constituant requiert une réflexivité catégorielle. Ce qui se fait se dit, et en ce sens tout langage convient, quel que soit le degré de contractualité inter subjective qui le détermine, de la plus absconse des idioglossies à la plus explicite et univoque des énonciations. L'effectivité perdue revient sous forme de parole.

L'effectivité est un retour mais un retour différentiateur, requérant nécessairement l'acte de conversion catégorielle. Cette conversion est anticipé dès le début de son effectuation, et cet anticipant est un acte de l'ordre de l'imaginaire. On imagine dès que l'on voit. Voir (et tout ce que ce verbe subsume en tant que capture sensorielle) est un travail constituant, circonscrit à un possible fictionnel, ou à un imaginable ayant fonction d'anticipateur. En tenant compte de la rescision que subit le constitué dans l'acte de constitution, la seule descriptibilité possible impose de statuer que l'imaginable provient du constitué et de cette façon, en des termes moins précis, « le monde fournit l'imaginé ». Cet imaginable est une fiction anticipatrice [1]. Le présent logique est de cette façon comme une réminiscence créée « in situ » et servant à son actuation. La possibilité du langage et la totalité de son devenir se scelle ici, sans préambule non catégoriel, sans « pré-langage », sans une quelconque sorte d'amorçage neutre, sans une possibilité de rupture, de transition vide, de disparition intercalaire. Sans possibilité de jouir de nouveau de ce stade premier immédiat de la matérialisation du sens, et pour ainsi dire de « cueillir la fleur de sens » là où elle s'étale au jour. Nous devons toujours tout faire, faire comme s'il n'y avait rien mais ceci se peut grâce au fait que tout a été fait, jusqu'à ce moment de l'acte constituant actuel. Le mode la plus immédiat de cette ostension n'est pas l'objectivité stricte [2] de la manifestation matérielle, mais l'acte d'imagination qui la convertit en anticipant catégoriel, dont le mode d'existence est la fictionnalité ou en des termes plus « psychologiques », l'imaginaire. On ne voit pas « avant »

---

[1] Si on soumettait le réel à l'idée qui lui correspond et si on pouvait ainsi décrire (sommairement) la séquence causale platonicienne, on serait alors requis d'en inverser les termes : le réel produit l'idée. Mais cette dissociation est, elle, indescriptible. À aucun moment il n'est possible de poser un « réel » précédant sa conversion en fait catégoriel. Ni de rebrousser chemin sur la voie de cette conversion.

[2] Objectivité empirique ou scientifique.

d'imaginer et c'est grâce à cette circonstance protocolaire que les choses peuvent se dire et ne peuvent pas ne pas se dire.

Et quand c'est dit tout est à dire, car ce qui est dit est à écouter, lire, déchiffrer, comprendre, interpréter, reconnaître, autrement dit à soumettre totalement au traitement constituant. La séparation de l'acte logique et du constitué qui clôt ce processus praxique interdit le retour sur un réel catégoriel aboutit et dépassable. Même accessible à des saisies perceptuelles, audible, tangible, visible, et ainsi de suite selon toutes les modalités de la sensibilité. Et relativement à cet état de choses indescriptible mais représentable par un analogon fictionnel une expression ordinaire agrémente l'attention portée au mode de constitution ou la modalité de l'inchoativité : « L'acte constituant est enfermé dehors ». Et la source de ce dehors est continue, et consiste en la simple actuation matérielle du sens quelle qu'elle soit. Cette extériorité n'est qu'une fonction dans le travail constituant, et tient de la descriptibilité d'une immanence protocolairement nécessaire, étant toujours à rétablir. L'anticipant qui annule la lacunarité imminente est un acte logique, et la forme la plus immédiate de la fictionnalité. Il n'y a de fictionnalité que de ce qui est, d'une manière, ou d'une autre, autrement dit du monde, et on ne la décrit pas comme la vision d'une fumerolle abstraite et émanant du néant. Le constitué existe sous forme d'anticipant fictionnel, et la chose contextuelle n'est pas seulement le corrélat de la paraphrase scopique, la chose-que-je-vois, mais consiste en tout ce qui est de l'ordre de la manifestation quelconque, « manifestation » décrivant la conversion catégorielle en laquelle se résout immédiatement et irréversiblement la réalité ontologique. De son état de constitué mort, le monde renaît par voie de fiction.

Le sujet créateur du fait logique est amputé du révolu même en le recréant, sans pouvoir le quitter par un acte de dépassement exempt de productivité logique, qui justement le réitère (à la façon de l'apprenti sorcier [1]). Et cette recréation peut être accablante, tout autant que jubilatoire. Cette contrainte à créer ne part pas d'un manque pour ainsi dire vide, mais consiste en une soumission renouvelée à l'existence de l'anticipant. L'inévitabilité de cette fonction anticipante tient à deux sources immédiatement repérables : la non discontinuité de l'actuation catégorielle du sens, qui n'attend pas pour s'effectuer, même pas l'indescriptible (donc inimaginable) infime portion de temps inférieure à toute autre portion de temps aussi retreinte que l'on voudra (l'intervalle epsilon des mathématiciens). Et la requête intrinsèque à ce qui est (l'ineffaçable pli ontologique) de se constituer catégoriellement, à cause du fait que nous sommes. Et ce fait est sans cause fondamentale, et provient de

---

[1]   Selon Lucien de Samosate, Goethe, Paul Dukas et Walt Disney.

circonstances chimiques, biologiques, darwiniennes, elles-mêmes exclusives de cause fondamentale, aussi loin que l'on remonte dans la chronologie cosmique. Ce qui pourrait soutenir la qualification de cause, mais continue, sporadique, contingence, praxique, autrement dit protocolaire est ce qui peut se décrire comme transcendance constituante, que l'acte constituant épuise, sans retour ni débord, et qui affecte la totalité du domaine contextuel. Ce qui s'éprouve localement, au coup par coup (mais la réalité de l'acte logique ne comporte qu'un seul coup), et sous forme de négation de négation. Rien n'est sans l'acte constituant, où l'ontologique se logicise immédiatement et irréversiblement. Succinctement, « ça se dit ».

Ce qui décrit le moment terminal de la situation du sujet, qui et dans un langage, mais qui est source de langage. Non pas à la manière d'un artisan qui façonne une matière, ni d'un organisme vivant plongé dans son milieu naturel, mais n'étant qu'acte de langage dans un monde continuellement converti en fait de langage, et offert à cette conversion seulement lorsqu'il est constitué et révolu. Ce qui est un stade inatteignable, sauf anéantissement du langage, même en son occurrence la plus primitive, l'ostension sensorielle. Cette inaccessibilité ne provient pas d'une norme extrinsèque, mais consiste en une privation protocolaire, caractérisable comme une « privation par excès ». Le hiatus vide requis pour que du constitué s'accomplisse terminalement est interdit (pour ainsi dire, comblé) par la continuité de l'acte constituant. Cette réduction selon la détermination protocolaire et la matérialité logicisée interdit l'arbitraire et instaure une régularité descriptible comme un langage, cerné par cette réduction algorithmique, mécanique et praxique, inévitable après-coup. Plaisamment, et en abrégeant, on est fondé à dire qu'on est dans le langage parce que c'est là que nous surgissons et pas ailleurs. Et nous n'arrêtons pas de « surgir ». Comme le pauvre roi Midas le faisait pour l'or, nous transformons tout en parole, à commencer par nous-mêmes. C'est de cette façon qu'il y a un monde et qu'il y a un sujet. Mais cet acte de transformation est requis et nécessaire.

Ce qui empêche le constitué de parvenir à son stade d'effectué terminal ne consiste pas en une lacune finale, une sorte de mutilation apicale, mais si en la permanence [1] de l'acte créateur, constitutif de cette transcendance locale et fonctionnelle qui s'épuise en cette production de réalité logique. Le réel logique en cette position d'objet se décrirait comme un déchet de la fonction constituante. Ou plus noblement, une trace, un document relevant de l'archéologie du sens, même s'agissant du plus immédiat des passés qui, par la perpétuelle absence de

---

[1]   Permanence dont on ne peut ni expérimenter ni décrire que la négation de son inexistence, négation qui doit advenir. Autrement dit une [non (non permanence)] car cette négation de permanence doit être un acte constituant.

rupture, recèle tout le passé possible. Et en outrant quelque peu l'expression, la constitution du fait logique même décrite par la très réductrice métaphore scopique, est de l'ordre d'une herméneutique des vestiges [1]. S'il peut y avoir des attitudes de nostalgie, des cultes du passé, des surestimations du révolu en raison de sa péremption, si le sujet peut expérimenter le deuil de lui-même, selon l'imminence de disparition, si les rituels de commémoration publique ou privée son bien institutionnalisés, ceci est dû au fait que c'est toujours relativement au prescrit que l'acte logique s'effectue. Ce qui, relativement à la condition de descriptibilité , est indéniable. La monotonie de la fonction constituante est la source des régularités pragmatiques, sémantiques et syntaxiques intrinsèques au langage. En raison du « rasoir protocolaire » qui nous réduit par son action et lors de son action uniquement à cette régularité, par exclusion de toute transgression irréductible (et irréduite). La régularité linguistique consiste en cet acte de réduction, descriptible

---

[1] Même une très sommaire culture scolaire nous apprend la place de ce passé dans des théories scientifiques devenues classiques, marxisme, darwinisme, freudisme. Et il y a lieu de considérer même les parodies mystiques ou idéologiques de cette considération du passé, hypostasié comme « source » ou « origine ».

comme la restriction du possible à ce qu'impose la condition ontologique [1] et protocolaire.

Outre toutes les déterminations environnementales et physiologiques [2] qui en réduisent drastiquement la diversité et en raison de la rigoureuse limitation protocolaire et sa stricte pauvreté, une défaillance dans la possibilité d'acte de langage est incompatible avec la descriptibilité de l'actuation immédiate du sens sous forme d'ostension catégorielle. Dans ce domaine, n'importe quoi fait l'affaire, et n'importe quelle production de signal fait mouche en s'incluant dans la norme du langage [3]. Autrement dit le langage joue toujours à coup sûr grâce à cette réduction de la matérialité à la catégorialité et même dans les exploits les plus tératologiques ou pathologiques, sa « valeur d'échange » est assurée. Non pas par la générosité d'un agent du destin (conceptuel, spirituel, voire théologique) diversement désignable comme l'esprit, (voire le Saint Esprit) l'entendement, la raison, le Logos, le Mana et Dieu sait quoi encore, mais par

---

[1]   On dira plus exactement « para-ontologique » ou « quasi-ontologique », car la réalité ontologique ne paraît qu'en sa conversion péjorante en fait catégoriel et, sous cette forme, ne peut jamais manquer.

[2]   Par exemple, le changement de régime alimentaire entre le paléolithique et le néolithique (des chasseurs-cueilleurs aux éleveurs et agriculteurs) selon des anthropologues aurait suscité des modifications des mâchoires et de ce fait une modification des mécanismes phonétique.(article dans Science du 14 mars 2024)

[3]   Même en altérant la norme pour obtenir cette inclusion.

l'immédiateté et l'irréversibilité de la conversion catégorielle en quoi consiste toute manifestation. Dans l'amplitude factice d'une durée indéfinie, tout se sera dit, ou rien n'aura échappé à la dicibilité, sans que la possibilité de dire n'en ait été épuisée. Générosité qu'expérimente le bavardage ordinaire, la conversation de ménage, la logorrhée délirante, la rumination douloureuse, l'échange conviviale, tout autant que la création conceptuelle ou littéraire. Comme une vérification hédonique ou meurtrissante de la dicibilité accomplie. Même celle de l'indicible.

En même temps l'irréversibilité de ce succès inépuisé est mécaniquement frustratoire, corrélat et cognitif et affectif de la créativité continue assignée au sujet. La privation de retour sur l'accompli provient de la créativité catégorielle qui s'interpose, à titre d'empêchement et aussi d'articulation (un empêchement articulant) entre le sujet logique et son produit. Et cette clause dirimante vaut pour le produit catégoriel issu d'un autre sujet ou destiné à un autre sujet. Il y a toujours un acte catégoriel en plus. La non discontinuité de ce processus de création et de péremption, et l'identité du substrat catégoriel propre à ces deux effets impose le constat que péremption ne signifie pas anéantissement. Perpétuelle créativité et perpétuelle dépossession produisent un reliquat matériel, qui ne peut exister en dehors de l'actuation protocolaire, mais qui est descriptible par des fictions inarticulables (consistant en une contradiction protocolaire) faisant apparaître l'existence de « traces signifiantes » exemptes d'actuation humaine. Cet apport inépuisable de faits de langage, provenant de la catégorialisation continue en quoi consiste toute ostension est la cause de la fragilité du langage socialement agréé, et de la nécessité d'une clause contractuelle pour en maintenir la stabilité. Cette institution contractuelle réduit l'excès de la catégorialité virtuelle qui contextualise tout acte constituant singulier. Même une tentative démente d'actuer toute cette virtualité démesurée subirait l'effet d'inhibition articulante qui engendre la parole possible. Le goulet protocolaire retarde l'investissement catégoriel exhaustif et le goulet contractuel nous réduit à l'intelligibilité. Passible de transgressions innombrables, de l'ordre du jeu, de la créativité poétique, du symptôme neurologique, de la solitude ou du délire.

Le sens est sûr [1] mais sa réalité est conditionnée. L'inaccessibilité d'un fonds contextuel de sens constitué se réduit à l'acte de la transgresser et de cette façon requiert cet acte contre-protocolaire. La passéification de l'acte logique est concurrente de l'illusion de rémanence d'une matérialité investie de signification qui demeurait en l'état même au-delà de

---

[1] Le temps que dure l'existence du sujet, suppôt de la détermination protocolaire.

l'actuation protocolaire. Mais l'acte constituant va à l'encontre de cette stase conceptuelle, trouble l'état de choses constitué et défait la rigidité paradigmatique des faits de sens révolus, voire institutionnalisés. Dans le moment fictif désignable comme « juste avant » l'acte logique le dépôt contextuel est indéfini. L'actuation est donc réductrice, et l'acte constituant opère « *per via di levare* [1] ». Cette perte est un acte, comportant l'imminence et de son altérité et de son inexistence. Cet acte irréfragable a l'allure peccamineuse d'un rejet du don illimité de possibilité contextuelle de sens. L'éloge du silence prôné pat des sages et des mystiques et même le très populaire « le silence est d'or » proviennent de cet acte d'abandon de la ressource catégorielle illimitée au profit d'un exploit limité et précaire. Le sujet logique pêche par orgueil. Élémentairement, dire le monde est abandonner le monde. Cette mécanique protocolaire, cette vicissitude procursive intrinsèque à l'acte constituant est la cause positionnelle des fictions d'un « don total » de sens et de son recouvrement par un effort de restreindre la créativité logique du sujet. Des procédures documentées visent cet effet, en occultant le biais requis pour son aboutissement, à savoir la disparition du sujet. La vérité de cette impossibilité consiste en ceci que lors de l'actuation logique tout le sens qui aurait pu exister a

---

[1]   Léonard de Vinci, cité par Freud, caractérisait ainsi l'art du sculpteur, l'image étant pertinente pour décrire le travail psychanalytique.

effectivement existé. Extases contemplatifs, « prière jaculatoire », neume balbutiée, absence de pensée, et de très nombreuses autres figures d'un mutisme producteur de totalité, d'intégrité du sens, de préservation du constitué, toutes ces entreprises consistent en des actes logiques complets et ordinaires. La dépendance ontologique du logique entraîne un excès de sens, en raison d'un répertoire indéfini de supports de catégorialisation. Dont fait partie le corps du sujet, qui relève de la contextualité. L'acte constituant est réducteur, en raison de cet apport contextuel, illimité juste avant sa catégorialisation, mais strictement déterminé par la condition protocolaire [1] qui restreint et possibilise cette constitution. La nécessité protocolaire est corrélative d'un état de silence logique activement contrecarré par l'insistance continue de l'actuation catégorielle. Ce qui le rend susceptible de représentation fictionnelle, sous forme de description inarticulable et auto déniante. La source positionnelle de cette fiction consiste en ce fait que la plus triviale empirie stipule, une fois le fait logique accompli le silence logique commence. Et c'est dans l'imminence de ce silence post logique que l'acte constituant du fait de sens se produit. Occurrence mécanique, immotivée et sans cause

---

[1] Descriptible (et non exhaustivement) en tant que détermination physiologique, biographique, sociale, historique, culturelle, contractuelle.

fondamentale (due au simple fait tout aussi immotivé et sans cause fondamentale qu'un sujet existe), et dont la description du mode d'existence strictement factuel peut être paraphrasé en « miracle ». Désastre également, qui frappe ce silence articulant, synonyme de la perte continue du fait de sens constitué, entité sacrificielle et souvent sacralisée [1]. Et qui existe bel et bien mais seulement dans l'effectuation de ce sacrifice. Or, ce sacrifice est lui-même réducteur, relativement à l'incommensurable vastitude sémantique qui correspondrait à un moment de total silence logique [2]. Contrepoint d'une fiction illustrant une parole non péjorante, non réductrice, qui ne restreindrait pas à ce qui s'accomplit la possibilité d'effectuation du sens. L'outil à confectionner de telles figures de l'impossible est un, le même, monotone et tacite : l'anéantissement du sujet constituant, par un moyen quelconque, mimé ou réel. Et dans la mesure où le sujet se constitue lui-même en procédant à la constitution du fait logique, l'imminence de cet anéantissement est constante et intrinsèque à la détermination protocolaire. Malheureusement

---

[1]   Et souvent soumise à ce que certains considèrent l'outrage du déchet obstructif en quoi consistent les « bavardages », les discours « inauthentiques », la « parole vaine », dédaigneuse des grands soucis spirituels comme les questions du dieu, de l'être, du destin, de l'histoire, de la race et la liste est longue et documentée, fondée en cette circonstance protocolaire et triviale, qu'il ne peut pas y avoir de discontinuité logique, et que « tout fait sens ». « Tout fait ventre », dirait à ce propos le pêcheur de La Fontaine

[2]   Que caricature l'omniscience d'un dieu.

faire parler ce mort que je suis abroge ipso facto ma mort et annule l'escamotage de la réflexivité, escamotage requis pour imaginer ce sujet non constituant. La réflexivité [1] étant intrinsèque à l'acte logique, un pareil sujet, à ce compte, pourrait émettre des signes et des messages, mais, strictement, sans savoir ce qu'il dit. La mise en œuvre de ce sujet consiste comme de dû en une contradiction protocolaire, l'unique mode de non existence de ce qui n'existe pas. Mais il est possible de dissimuler cet obstacle protocolaire, de faire parler un mort à la manière des mediums plus ou moins ventriloques [2], et même d'escamoter l'anéantissement de l'humanité pour faire apparaître le surhumain, le transhumain, et toutes les autres guises de l'inhumanité.

Or la non disparition de l'humain est l'œuvre d'un humain, et l'obstacle constant qui la diffère. De cette façon, la manœuvre anti logique qui consiste à exclure l'humain pour sauver un sens incorrompu doit tout d'abord s'exercer sur le sujet même qui l'envisage. Sa survie serait désastreuse pour le projet

---

[1]   Caricaturée d'ordinaire en « communication », comme si l'acte réflexif devait être imparti à un autre sujet que le sujet immédiatement constituant.

[2]   Les techniques de cette ventriloquie sont nombreuses, par exemple discours médiumniques, écriture automatique, production algorithmique de textes, oracles de la Pythie, glossolalies pentecôtistes, proférations des possédés ou des inspirés dans les rites vaudou ou candomblé, exercices de l'OULIPO, sagesse des nations, parole du Prêtre et ainsi de suite.

ainsi conçu. Cependant, être mort selon le sens permet d'endosser des parures prestigieuses, rabaissées par l'insistance accablante du sens malgré tout. Même au degré le plus immédiat de la manifestation, car la manifestation est exclusive de stade « a-catégoriel », si on agrée l'hypothèse que le langage existe, et que si cette hypothèse est accepté comme exacte, une discontinuité entre manifestation et langage en devient indescriptible [1]. La catégorialité immédiate de la manifestation se décrit comme ostension, déjà compatible avec la verbalisation. Ostension de nature sensorielle, mais de nature catégorielle tout de même, car, en utilisant encore la métaphore scopique « voir est dire avec le vu » [2]. Tout autant qu'avec un borborygme gastrique ou une démangeaison intempestive, et même avec le râlement de l'agonie. Les modes de cette catégorialité immédiate portée à son degré de verbalisation sont de nature contractuelle et leur pertinence est putative, de l'ordre de la plausibilité fondée ou de convenance. Contractualité contextuellement déterminée, selon des déterminations de toute sorte que la science linguistique (et médicale) est à même de discerner, physiologiques, géographiques, historiques, sociales, culturelles, familiales. Mais la correspondance stricte entre émission et

---

[1]   Même si la description du lien (historique, causal) entre ostension et langage est dévolu à la recherche scientifique.

[2]   Et « dire en montrant » est un comportement courant.

réception est invérifiable et ne dépassera jamais le stade de plausibilité d'une hypothèse fondée en expérience ou déduction scientifique. Contractualité qui peut être très restreinte, dans le cas de langages non conventionnelles, ou même transgressée dans les langages pathologiques ou tératologiques, verbigération, glossolalie, glossomanie, jargonaphasie, idiolecte, en utilisant en vrac quelques termes scientifiques connus. Il n'existe pas de « bon langage », ou bien ne peut-on pas l'établir. La catégorialité à son degré d'effectuation verbale relève certes de l'altérité, mais l'inévitabilité du sens et la multiplicité de langages qui en proviennent interdit au sujet « locuteur » toute certitude concernant l'identité de ce qui est émis et de ce qui est reçu. Cette altérité immédiate ne peut pas être confrontée à l'altérité « objective » constatable par un tiers, juge et arbitre de la concordance. Le solipsisme, l'ipséité, l'eccéité, l'aséité (etc.) ce sont des termes qui désignent une irréductibilité de la créativité logique d'un sujet, même si cette ipséité est déterminée et même façonnée, immédiatement et irréductiblement, par l'altérité. Ce qui coïncide exactement avec l'acceptation de l'hypothèse qu'il y a un monde et qu'il y a d'autres sujets que moi. Et même si je suis moi-même l'allocutaire de mon élocution, le doute subsiste. Le seul domaine où le certitude logique serait instituée sans actuation protocolaire, le domaine du passé même le plus immédiat de l'accomplissement matériel du sens, terminalement constitué et qui de ce fait ne serait plus à constituer, est protocolairement inaccessible. Et, résignés ou révoltés, nous expérimentons cet empêchement, en lequel nous consistons.

L'impossibilité d'une norme vérifiable (et universelle, impersonnelle) qui soumettrait le langage [1] nous réduisent à la rigueur négative, apophatique, celle de la détection de ce qui ne se dit pas, non pas pour le taire, mais seulement pour le rescinder [2] car ce qui ne se dit pas ne devient tel que lorsqu'on le dit et parce qu'on le dit. Ainsi, même ce qui a été dit n'existe qu'en étant à dire. Condition si triviale qu'il n'est pas surprenant que tout un chacun souhaite s'y soustraire. Tentation d'autant plus lancinante que la chose semble être faisable, à l'acte près en quoi consisterait son effectuation. Par une fiction topologique l'acte

---

[1]   Cette normativité préside à la construction de langages artificiels, cryptés, formels, algorithmiques, numériques etc. Mais la possibilité de leur paraphrase en « langage ordinaire » révèle la nécessité d'un articulant protocolaire, donc d'une irréductible ipséité et d'une réflexivité délocutoire.

[2]   Soit par exemple une très simple tautologie de la logique binaire : $\sim[p.(\sim p)]$. La possibilité de paraphrase en langage ordinaire manifeste que cette formule correspond au fait élémentaire : « dire p ». Or « dire p » est créateur d'un fait, consiste en un événement et en un acte et dépend d'une ostension. C'est l'occurrence $\sim(\sim p)$. La formule tautologique requiert donc un articulant protocolaire, et oblige à tenir compte de sa dimension délocutoire. $\sim(\sim p)$ est un fait si en le « voyant » (en le disant) je contredis effectivement son inexistence. Je dis donc « je dis que j'ai vu, ou lu, 'p' » et de ce fait j'ai annulé son inexistence, inexistence dont l'assertion serait une contradiction protocolaire. Plus exactement, j'ai vu (et « voir » c'est « dire ») « p » annuler son inexistence et ontologique et logique et même en le déniant je le certifie. « p » pouvant consister par exemple en cet énoncé bien connu « je suis », tout autant qu'en une vieille chaussure.

logique se produit là où tout a été consommé et uniquement en cet emplacement. Que cela ne puisse pas se produire ex nihilo ni au-delà d'une suspension vide assure l'accessibilité illimitée du logique à sa propre effectivité, une réflexivité immédiate et primaire intrinsèque à l'acte logique constituant. Par le biais de cette articulation interdictive non seulement il y a du monde, mais il y a un monde. Par voie de privation et d'empêchement protocolaire [1], restrictions qui ne sont réelles que lors de l'actuation effective du sens et à cause de cette actuation. Même l'imminence d'un événement logique hétérogène à ce qui résulte des déterminations et ontologiques et protocolaires ne le demeurerait que dans le temps imaginaire que désigne le terme « juste avant » l'acte constituant. Et l'imaginer ou l'anticiper par un moyen quelconque (geste, empreinte, bruit) ruine déjà son immunité protocolaire et le rend compatible avec une

---

[1]   Cet apport contextuel effectif à l'acte de création catégorielle est identifiée par Descartes dans la Méditation Première, (malgré la localisation de cette effectivité catégorielle « dans notre pensée ») [...] *si peut-être leur imagination est assez extravagante pour inventer quelque chose de si nouveau, que jamais nous n'ayons rien vu de semblable, et qu'ainsi leur ouvrage nous représente une chose purement feinte et absolument fausse, certes à tout le moins les couleurs dont ils le composent doivent-elles être véritables.*

Et par la même raison, encore que ces choses générales, à savoir, des yeux, une tête, des mains, et autres semblables, pussent être imaginaires, il faut toutefois avouer qu'il y a des choses encore plus simples et plus universelles, qui sont vraies et existantes ; du mélange desquelles, ni plus ni moins que de celui de quelques véritables couleurs, toutes ces images des choses qui résident en notre pensée, soit vraies et réelles, soit feintes et fantastiques, sont formées.

verbalisation [1]. Même relativement à un passé immédiat, converti en anticipant à constituer, l'acte de sens est une anamnèse et une commémoration.

Le pouvoir de catégorialiser dépend de conditions ontologiques qui en tant qu'ostension sont immédiatement de nature catégorielle. De cette façon, le travail du sens ne commence que quand tout est accompli, il ne cesse pas de commencer, et l'accompli requiert la persistance et la continuité de sa catégorialisation. Cette réitération inépuisée occupe tout l'espace alloué à l'acte de création catégorielle. Cette métaphore topologique sert à traduire le non dépassement de l'acte constituant, qui consiste lui-même en un dépassement immédiat, irréversible et non redoublable. Le sujet est au-delà, et cette situation de transcendance chronique, perpétuellement recréée est un travail. Il ne peut pas (pour ainsi dire) déposer ses outils et respirer l'air du large. Asservi à son pouvoir créateur il est spolié de Passion, de mort, de résurrection, d'ascension et de retour en qualité de Paraclet. C'est d'ailleurs avec les traits descriptifs de sa condition de sujet logique, pauvre, humaine, terrestre, protocolaire que l'on a pu façonner ce type de récits. Le

---

[1] Pour illustrer cette compatibilité de l'ostension à la verbalisation on peut évoquer le fait que dans ses lettres Van Gogh décrivait ses projets de tableau avec des mots, et que, semble-t-il, Beethoven aurait fait de même pour certaines de ses œuvres symphoniques. Et il semble que les chamanes savent produire le récit oral de leurs voyages dans l'autre monde.

dépassement catégorialisant est une incarcération pour le suppôt humain qui le subit en l'effectuant. Pris dans la transcendance constituante comme une amibe dans sa goutte d'eau vitale. En laquelle, lui-même, il consiste. Et réduit à l'acte de dépassement immédiat et irréversible, le sujet (nous) dépend d'un achèvement dont son acte sera la rescision. Cette requête d'aboutissement se paraphrase en des fictions eschatologiques, des visions de la fin des temps, du monde, de l'époque, et de toute sorte d'utopies et de dystopies articulées autour de ce achèvement, séparé de l'actuation de sens qui l'abroge.

Mais ce qui est abrogé n'est pas rien, et son inexistence n'est réelle que moyennement cet acte d'abrogation, descriptible comme une abrogation constituante. L'acte d'abrogation est créateur de la réalité de l'abrogé. Sans susciter le surgissement d'un monde constitué de sens effectué, purgé de toute trace d'impossible logique et peuplé d'entités aptes à le capter, par des moyens non catégoriels et non protocolaires. Cette angélophanie est confectionnée au moyen de morts, circulant allègrement dans un domaine où l'impossible logique a été éliminé une fois pour toutes moyennant des normes épistémiques ayant accompli leur effectualité en une seule fois. Corrélatives de leur absolue exemption de médiation protocolaire, remplacée par la perpétuation des clauses d'interdiction de l'impossible, par le biais ou de leur substantialisation ou d'une anamnèse impérative, comme celle que Descartes voulait instituer en lui pour s'y soumettre en toute circonstance. Un jumeau vertueux du génie trompeur et aussi rusé et puissant que ce dernier. Cet état de choses est une imminence permanente, que seul son effectuation rescinde. C'est le tableau de ce qui eût pu avoir lieu juste au-delà du dernier instant d'effectuation matérielle de sens. Sauf à considérer que ce « dernier instant », qui eût pu précéder immédiatement le premier instant de la trêve logique absolue est justement l'instant où s'accomplit la constitution du fait de sens. L'acquiescement à l'inexistence d'un au-delà de cette effectuation consiste en une contradiction protocolaire, car même cet acte d'acquiescement est un dépassement(immédiat et irréversible) qui périme le constitué.

III - Objet

Outrer le sens du terme « parole » pour y englober l'ostension la plus immédiate, la plus étroitement sensorielle ou encore moins, procède de l'acquiescement au fait que, perçue, cette source d'ostension est immédiatement une ostension et de ce fait un accomplissement catégoriel. Autrement dit une chose ainsi constituée catégoriellement est homologue d'une acte de langage, cela dit quelque chose, et ne déborde pas de cette action. Cette fonctionnalité primitive ne décrit que l'inchoativité constituante du fait de sens, et l'indescriptibilité d'une discontinuation dans la progression qui conduit de l'ostension immédiate au texte le plus élaboré, de la manifestation sensible au texte le plus abstrait. Car il n'y a pas de manifestation sensible. Si l'acte logique avait pu régresser en deçà de la catégorialité, même d'un écart infime, la catégorialité serait indescriptible. Et ce franchissement régressif serait encore un acte catégoriel, l'accomplissement d'une transcendance constituante relativement au stade ontologique de l'objet que désigne le terme « manifestation sensible ». Le réel est trop loquace et se tient à distance derrière une muraille verbale. En échange, et par le biais de la catégorialité qui le soustrait à toute appréhension non protocolaire, il est totalement accessible. Cette source de parole (par image) est inépuisable et, pour qui aspire à percevoir (on ne sait comment) ce qui est, tel qu'il est, en personne, à son stade d'existence purement ontologique, cette abondance est accablante. Et il en est lui-même la cause et le suppôt matériel. Source positionnelle du récit d'une exonération d'humanité, ou de vie.

Cela ne se comble pas, ni positivement, par une sorte de sur-parole ultime et totale (suivez mon regard) ni négativement, car le mort, en matière de sens, est totalement inexpert et ne sait pas utiliser son énorme virtualité de libération protocolaire. Mais cela ne comporte pas non plus ni de scissure ni de halte. Le possible catégoriel effectuable est toujours comble, mais son effectuation même le périme et requiert une actuation inchoative [1]. Cette zone de négativité translogique est le biais descriptif pour le lieu d'accomplissement réel du sens, le seul qui est descriptible, ce qui, pour nous, sujet logique qui l'entendons, est synonyme d'existence. Négativité totalement réparée par le travail actuant qui en est la source et le remède. Ce travail constitue le domaine du logique effectué, mais il consiste également en la borne qui empêche transitoirement d'y avoir accès. Transitoirement, car toujours individuée, même malgré la persistance du support matériel ou substrat ontologique, toujours à réactiver catégoriellement. Frappé par conséquent d'instabilité, de contingence lointaine [2] et d'immotivation fondamentale. Donc passible d'annulation. L'acte d'annulation présentant les mêmes caractéristiques, exactement, que l'acte constituant, on ne peut faire qu'en réitérer les conditions de possibilité et les conséquences positives et négatives. En somme, et l'empirologue le plus fruste l'attestera, cet état de choses décrit l'inchoativité constituante comme l'établi que, de notre vivant, nous ne quitterons jamais.

---

[1]   Ce que dit, en d'autres termes, et concernant les doryphores, le personnage du film « Les patates » (Claude Autant-Lara 1989) : *faut pas les écraser ! Ils pondent encore en crevant* ! Il en va de même en ce qui concerne la péremption du constitué catégoriel. Il pond en crevant. Le sujet y est pour beaucoup.

[2]   Enchaînement contingent depuis que je constitue des faits de sens, depuis que j'existe et même avant, jusqu'au au big bang. Peut-être même avant ?

Ce qui nous octroie une sorte de compétence ouvrière qui consiste à connaître le langage. Par documentation (visuelle, auditive, tactile), mais aussi par création, dans sa production immédiate, car le document linguistique doit lui-même être réactivé par lecture et compréhension, autrement dit par constitution catégorielle. Tout provient de la parole. De cette façon, connaître, penser, étudier le langage est une pratique constante, un possible impératif, une nécessité protocolaire. Même pendant sa production, actué dans la parole, le langage est toujours objet réflexif. En effet, nul ne parle de ce qui n'est rien, et le fait logique jamais ne provient d'une nullité catégorielle. La catégorialité constituée, attestable comme langage, est un état de choses permanent, frappé uniquement de rescision constituante, et sa fonction anticipatrice dure ce que dure le travail de constitution et son résultat périmant. Sauf dans l'image dont la formation est protocolairement contradictoire d'une production logique strictement instantanée qui pourrait s'y soustraire, la production logique est constamment réflexive. La connaissance qu'a le sujet quant à sa production logique est nécessairement délocutoire. Il ne connaît pas immédiatement et directement son produit, il connaît son travail constituant, et de cette façon il est spolié de son unéité. Par métaphore scopique, je ne vois pas, je vois que je vois, j'exprime que je vois ce que je vois, avec ce qui est vu.

Le sujet logique est de cette façon affligé de passivité, mais jamais de disette. Du sens, et quoi qu'il en ait, il ne cessera jamais d'en puiser dans ce contexte matériel qui l'inclut et dont il fait partie, pour ainsi dire de la tête aux pieds, plus tout le reste. L'imminence d'hétérogénéité logique est constante, et la réduction au possible protocolaire n'est réelle que lors de son effectuation. Et cette non hétérogénéité n'est jamais préalable, ne résulte pas d'une quelconque détermination a priori, et nul monstre ne talonne le créateur de sens, il est ce en quoi consiste la production de la non hétérogénéité. Quant à savoir à l'avance en quoi va consister l'accomplissement effectif de cette non hétérogénéité et d'en édicter la législation idoine, nul sujet ne peut opérer ce saut dans l'au-delà de ce qu'il constitue lui-même, localement et actuellement. Car prévoir est constituer, et la fonction anticipante du substrat effectif du l'acte de sens n'est pas dépassable. Il n'y a pas d'au-delà de la fonction anticipante. Tout pourrait devenir chaotique, incohérent dans la langue, mais, si même cette formation tératologique était actuée elle deviendrait de ce fait un cas ordinaire d'accomplissement logique, soumis à toutes les conditions de son effectuation et pourvu de toutes ses vertus créatrices. Et il n'est pas impossible qu'il en soit ainsi.

Cette péremption fondatrice intrinsèque à la condition inchoative de la constitution du fait de sens est la positionnalité (contradictoire car son effectuation la rescinde) d'une langue [1] univoque et immuable, strictement canonique. Indemne de réactivation différenciante aussi longtemps que nulle parole ne l'actue. Et même si cette stricte univocité était réelle, nul n'en pourrait ni attester l'existence ni en établir la validité. La virtualité est constante de cette disparité et de cet équivoque à quoi est soumise la langue du fait de son origine dans la productivité immédiate ininterrompue et contingente de l'ostension catégorielle, par le biais de laquelle la langue se constitue. D'elle-même, la langue ne parle pas. Son existence dépend d'une actuation protocolairement déterminée, sous peine de nullité logique. Il est licite de réserver ici la désignation de « parole » à ce moment praxique (ou articulation protocolaire) de l'existence de la langue. Il y a fait de langue en raison du fait qu'à aucun moment cela n'est pas inexistant, par privation stricte (mais devant être « agie », donc soumise à détermination protocolaire). Il peut y avoir [2] un fait de langue parce qu'il n'y a ni d'en-deçà de la langue, ni instauration inerte dans sa réalité (documentaire, testimoniale, monumentale). Ce qui instaure la réalité de la langue est cette source de parole, déjà

---

[1] Il ne sera pas question ici de « langage », objet alloué à la science linguistique. Nous, communs, nous n'avons à faire qu'à « langue » et « parole ».

[2] Autrement dit être repérable, circonscrit, caractérisable, descriptible et narrable.

parole, constante et irréductible, l'ostension catégorielle, la sémanticité immédiate et irréversible des manifestations sensibles [1]. Même par rapport à ma propre productivité catégorielle, d'ostension à parole, j'ignore si elle est strictement accordable à toute autre productivité catégorielle non seulement celle qui est issue d'un autre sujet que celle qui provient de moi-même à un moment différent, dans une autre situation, dans un autre contexte, dans un autre voisinage, dans une autre endroit. Nul ne peut rien savoir du partage de cette canonicité. C'est une supputation et un acquiescement contractuel (et c'est bien ainsi). Cette fragilité consensuelle est la positionnalité des entreprises et fictionnelles et documentaires de destruction de cette créativité et de cette irréductible instabilité [2], caractérisées entre autres par Gorges Orwell et par Victor Klemperer [3]. Destruction plutôt de la parole que de la langue ou du langage, qui requiert la parole pour l'effectivité de son existence. Comme de dû, l'unique machine de l'impossible consiste en la destruction effective ou symbolique du sujet.

---

[1]   Matérialité sinon perçue, du moins agissante, porteuse d'effet, source d'effectualité, même « inconsciente » en tenant compte du fait qu'il n'est pas possible de désigner un « inconscient » qui serait absolument exempt de manifestation quelconque.

[2]   Cause de cette passivité quant au sens que toutes les tyrannies et tous les narcissismes abhorrent.

[3]   George Orwell, <u>1984</u> (la « novlangue » ou le « néoparler » ; Victor Klemperer, <u>Lingua Tertii Imperii - Carnets d'un Philologue</u>)

La parole est requise, et déterminante par rapport aux autres entités qui lui sont corrélées, langue et langage, en raison des conditions initiales de constitution du fait de sens, l'acte d'ostension, équivalent de chose logique, qui est la médiation impérative et irréductible entre la raison ontologique du sens et son effectuation matérielle. Cette condition est péjorante et restrictive. Car le véritable sens serait le sens sans sujet, même si la description d'une telle entité consisterait en une contradiction protocolaire. Néanmoins, le fait que cette restriction requière

une actuation est la positionnalité de toutes les fictions de sa levée et de ce qui en résulterait. D'innombrables prosopopées produisent la fiction d'une source de sens autre que la parole (en y incluant l'ostension en quoi consiste son irréductible et indépassable origine) ou de parole issue d'autre chose que le sujet humain. Ce qui se soutient de l'image du produit logique déjà effectué, et qui semble subsister sans intervention protocolaire. Le recouvrement du sens ainsi matérialisé (ou ontologicisé) est une opération imaginable parce que calquée sur le mode ordinaire d'effectuation logique, la conversion immédiate et irréversible de l'état purement ontologique en état catégoriel en cours de constitution de la matérialité manifeste et de ces équivalents d'objet logique, les traces mémorielles de l'accompli. Tout ce qui est offert à l'acte constituant du sens ce sont ces traces mémorielles, que l'actuation logique convertit en anticipants. On peut décrire l'acte logique constituant (ou la création de sens) comme une sorte de recouvrement, voire de résurrection de ce que son effectuation périme. Mais nul agent de l'effectuation de sens ne pourra s'approprier cet objet, car il est accaparé par l'acte de le constituer. L'humain est trop humain.

Et en même temps il est également le produit de sa fonction constituante des faits de sens. Le sujet ne se tient pas au bord de sa production comme un ouvrier devant son poste de travail. Il se crée sujet logique par son acte de constituant. La provenance de la détermination protocolaire n'est pas repérable comme la faculté propre d'une entité qui en serait elle-même soustraite. La contextualité causale dont il fait partie l'englobe comme son effet. L'acte de sens n'est jamais une pure virtualité, l'ostension est déjà sa cause médiane non pas entre non sens et sens, mais entre une chose en tant que sens effectué et une autre chose en train d'être effectuée comme accomplissement du sens. La fonction de l'agent créateur ainsi compris est un acte de localité exercé sur le lointain (même infiniment proche), mais qui ne sera jamais descriptible comme un « remplissement de lacune » mais si comme la mutation d'un néant logique virtuel qui sera toujours virtuel quoique imminent. De cette façon même la figure du sujet peut servir de biais à une fiction d'affranchissement de la détermination protocolaire (et de la condition de localité y afférente) mais cette libération requiert tout d'abord un acte d'isolation du sujet relativement au contexte constituant, y compris relativement à lui-même, corps et âme. C'est dans le vide intrinsèque à cette disparition que l'on peut confectionner une image de l'émetteur de sens qui le serait de son propre gré, quand ça lui chante et selon sa convenance. Reste le passé, le constitué terminalement accompli que l'acte logique en s'effectuant abandonne, par une opération similaire à la nymphose. Mais pour être quelque chose dans l'acte de sens, ce passé ne demeure pas passé, car nul sujet ne peut s'y déplacer, pour voir. Il en acquiert une permanente fonction anticipante, intrinsèque à l'actuation effective du sens.